Conteúdo digital exclusivo!

Cadastre-se e transforme seus estudos em uma experiência única de aprendizado!

Acesse agora

Portal:
www.editoradobrasil.com.br/crescer

Código de aluno:
1733842A5598008

CB042188

Editora
do Brasil

Márcia Hipólide • Mirian Gaspar

CRESCER
História

3º ano

75 anos

Editora
do Brasil

Dados Internacionais de Catalogação na Publicação (CIP)
(Câmara Brasileira do Livro, SP, Brasil)

Hipólide, Márcia
    Crescer história, 3º ano / Márcia Hipólide, Mirian Gaspar. – 1. ed. – São Paulo: Editora do Brasil, 2018. – (Coleção crescer)

    Bibliografia.
    ISBN 978-85-10-06865-9 (aluno)
    ISBN 978-85-10-06866-6 (professor)

    1. História (Ensino fundamental) I. Gaspar, Mirian. II. Título. III. Série.
18-16175   CDD-372.89

Índices para catálogo sistemático:
1. História: Ensino fundamental 372.89
Maria Alice Ferreira – Bibliotecária – CRB-8/7964

1ª edição / 1ª impressão, 2018
Impresso no Parque Gráfico da Editora FTD

Editora do Brasil

Rua Conselheiro Nébias, 887
São Paulo, SP – CEP 01203-001
Fone: +55 11 3226-0211
www.editoradobrasil.com.br

ASSOCIAÇÃO
BRASILEIRA
DOS DIREITOS
REPROGRÁFICOS

Respeite o direito autoral

Direção-geral: Vicente Tortamano Avanso

Direção editorial: Felipe Ramos Poletti
Gerência editorial: Erika Caldin
Coordenação de arte: Cida Alves
Supervisão de revisão: Dora Helena Feres
Supervisão de iconografia: Léo Burgos
Supervisão de digital: Ethel Shuña Queiroz
Supervisão de controle de processos editoriais: Marta Dias Portero
Supervisão de direitos autorais: Marilisa Bertolone Mendes

Supervisão editorial: Priscilla Cerencio
Assistência editorial: Rogério Cantelli
Coordenação de revisão: Otacilio Palareti
Copidesque: Gisélia Costa e Ricardo Liberal
Revisão: Alexandra Resende, Andréia Andrade, Elaine Cristina da Silva e Maria Alice Gonçalves
Pesquisa iconográfica: Priscila Ferraz e Odete Ernestina
Assistência de arte: Samira Souza
Design gráfico: Andrea Melo
Capa: Megalo Design e Patrícia Lino
Imagem de capa: Eber Evangelista
Ilustrações: Carlos Seribelli, Fabio Nienow, Hugo Araújo, Marcos de Mello, Paula Haydee Radi, Paulo César Pereira, Rogerio Rios, Ronaldo Barata, Simone Matias e Vanessa Alexandre
Produção cartográfica: DAE (Departamento de Arte e Editoração), Sonia Vaz
Coordenação de editoração eletrônica: Abdonildo José de Lima Santos
Editoração eletrônica: Formato Comunicação
Licenciamentos de textos: Cinthya Utiyama, Paula Harue e Renata Garbellini
Controle de processos editoriais: Bruna Alves, Carlos Nunes, Jefferson Galdino, Rafael Machado e Stephanie Paparella

Querido aluno,

Este livro foi feito para você!

Ele vai ajudá-lo a perceber o quanto você já sabe de sua história e da história de sua família e de sua escola.

É um convite para que você faça descobertas, desenvolva a criatividade, pense e converse a respeito de assuntos como os bairros, os municípios, os modos de vida no campo e na cidade, no presente e no passado, a importância da arte, dos espaços públicos e dos trabalhadores que todos os dias cuidam deles para que você e os demais cidadãos possam ter boa qualidade de vida.

Acreditamos que, por meio desta obra, contribuímos para que você se desenvolva como um cidadão cada vez mais participativo na construção de uma sociedade justa e igual para todos – especialmente para as crianças!

Bom ano letivo!

As autoras

Sumário

Denis Cristo/Shutterstock.com

Denis Cristo/Shutterstock.com

Denis Cristo/Shutterstock.com

Os bairros

As imagens a seguir representam diferentes bairros.

Vanessa Alexandre

1. Complete: Em todos os bairros há r _____ _____ _____.

Nos bairros têm...

O que há ao redor de sua moradia?

Outras moradias, lojas, mercados, farmácias, escolas, padarias, postos de saúde, agências bancárias, entre outros, são alguns dos elementos encontrados nos bairros.

Observe as imagens e leia as legendas.

Comércio do bairro Madureira, no município do Rio de Janeiro, Rio de Janeiro, 2016.

Moradias no bairro rural Juncal. Município de Gonçalves, Minas Gerais, 2016.

Moradias no bairro Barra do São Manuel, onde vivem famílias que formam uma comunidade ribeirinha. Município de Apuí, Amazonas, 2016.

Moradias no bairro Parelheiros, onde vive uma comunidade indígena do povo guarani tenonde-porã. Município de São Paulo, São Paulo, 2014.

1. As imagens e suas legendas mostram bairros:

☐ iguais.   ☐ diferentes.

2. Sublinhe em cada legenda acima apenas o elemento característico do bairro que ela descreve.

Meu bairro

Como é o bairro onde você mora? Descreva-o fazendo as atividades a seguir.

1. Complete as frases.

a) Eu moro na (Rua, Avenida, Praça) _____

_____ .

b) O nome de meu bairro é _____

_____ .

c) O meu bairro tem _____

_____ .

2. Desenhe o que se pede nos espaços a seguir.

Aquilo de que você mais gosta em seu bairro:	Aquilo de que você não gosta em seu bairro:

◆ Diferentes espaços do bairro

O bairro é também um lugar em que as pessoas convivem de diferentes maneiras e em diferentes espaços.

A moradia, por exemplo, é o lugar em que as pessoas vivem e convivem, principalmente, com os familiares.

Crianças e adulto brincam no quintal de casa. Santa Maria, Rio Grande do Sul, 2013.

Essas mesmas pessoas podem conviver com outras do bairro: vizinhos, colegas e diversos trabalhadores, como vendedores, motoristas de ônibus, farmacêuticos, entre outros.

Vizinhos conversam em frente à moradia. Lagoa de Prata, Minas Gerais, 2014.

1. Assinale o número da imagem que retrata a convivência em família.

☐ 1   ☐ 2

2. Como você imagina que é a convivência entre as pessoas da imagem 1? Explique.

_____

_____

_____

_____

3. Como você imagina que é a convivência entre as pessoas da imagem 2? Explique.

_____

_____

_____

_____

4. Pinte os quadrinhos para indicar as frases corretas.

☐ Nos bairros, as pessoas não convivem com seus familiares.

☐ Os bairros são lugares em que as pessoas convivem apenas com seus familiares.

☐ Nos bairros, as pessoas convivem com os familiares e também com vizinhos, colegas, entre outros.

O nome dos bairros

Você já percebeu que os bairros têm nome?

Muitas vezes o nome de um bairro está relacionado à história das pessoas que o construíram ou à maneira pela qual teve início a ocupação daquele local.

No passado, alguns bairros se formaram e se desenvolveram com a chegada de famílias em busca de trabalho em lugares próximos aos portos, às fazendas ou às fábricas.

Veja, a seguir, quatro bairros que passaram a fazer parte da história de algumas famílias.

O Comércio é um bairro que se desenvolveu a partir de 1920, nas proximidades do Porto de Salvador, bastante frequentado por comerciantes. Salvador, Bahia, 2015.

Em 1930, os operários que trabalhavam na construção da Estrada de Ferro Central do Piauí começaram a erguer moradias nos arredores da obra, formando o bairro Vila Operária. Teresina, Piauí, 2017.

No final da década de 1930, a família Viana comprou grandes extensões de terra às margens de uma rodovia. Eles construíram uma granja para criar gado e produzir leite, por isso o bairro atual chama-se Granja Viana. Cotia, São Paulo, 2017.

Em 1993, às margens do Rio Potengi, foi formado o bairro de Igapó. Esse local era uma antiga aldeia indígena potiguara que, desde 1598, recebeu moradores que não tinham origem indígena. Natal, Rio Grande do Norte, 2014.

1. O nome dos bairros das imagens se relaciona com:

☐ as pessoas que ocuparam o local e as atividades realizadas por elas.

☐ as construções que já existiam sem a participação das pessoas que ali chegaram.

2. O nome de alguns bairros retratados nas imagens está relacionado à função exercida pelas pessoas que os construíram. Escreva o nome desses bairros e a origem de seus nomes.

_____

_____

_____

_____

3. Com a ajuda do professor, você e os colegas vão pesquisar a origem do nome do bairro onde a escola se localiza e descobrir se esse nome está relacionado ao modo de ocupação do local. Caso ele não esteja, pesquisem os motivos que o definiram.

_____

_____

_____

4. Depois de concluir a pesquisa da atividade anterior, converse com os colegas e o professor sobre o que considerou mais interessante nas descobertas a respeito do nome do bairro.

Os bairros mudam com o tempo

Os bairros mudam com o passar do tempo por vários motivos. Por exemplo, eles recebem novos moradores, que constroem novas moradias. Para atendê-los, são construídos mais mercados, escolas, postos de saúde, lojas, farmácias, entre outros.

Observe as imagens do bairro de Copacabana, no Rio de Janeiro.

Bairro de Copacabana, Rio de Janeiro, Rio de Janeiro, 1910.

Bairro de Copacabana. Rio de Janeiro, Rio de Janeiro, 2015.

1. Reúna-se com um colega e, juntos, respondam às questões.

a) Qual é o ano da fotografia 1 e o que vocês observam nela?

_____

_____

_____

b) Qual é o ano da fotografia 2 e o que vocês observam nela?

_____

_____

_____

c) A fotografia 2 foi tirada quantos anos após a fotografia 1?

_____

d) Que elementos das duas imagens indicam que elas retratam o mesmo bairro?

_____

_____

2. Com a ajuda do professor, você e os colegas pesquisarão imagens antigas do bairro em que a escola de vocês está localizada.
Em seguida, individualmente, escolha uma dessas imagens e procure uma fotografia atual do mesmo local. Você pode também, acompanhado de um adulto, ir até o local e fotografá-lo.
Registre no caderno a data das duas imagens e identifique as mudanças pelas quais o bairro passou.

As permanências retratadas nas fotografias

Com o passar do tempo, muitos elementos mudam nos bairros. Mas outros permanecem.

Observe as imagens da Praça da Sé, localizada no bairro da Sé, no município de São Paulo.

Praça da Sé em 1954.

Praça da Sé em 2017.

1. Preencha o quadro com as mudanças e as permanências que você observou nas imagens.

Praça da Sé	
Mudanças	**Permanências**

Os espaços de convivência nos bairros

Em muitos bairros há espaços coletivos de convivência. Esses espaços podem ser ocupados com a prática de esportes, lazer, manifestações artísticas, entre outras atividades. Observe as imagens.

Pessoas exercitam-se em praça. Manaus, Amazonas, 2014.

Pessoas visitam o Parque Estadual do Caracol. Canela, Rio Grande do Sul, 2017.

Banhistas em praia. Florianópolis, Santa Catarina, 2014.

Apresentação de teatro de fantoches em praça. Teresópolis, Rio de Janeiro, 2016.

1. Após observar as imagens acima, marque um **X** nos números que correspondem aos tipos de espaço público que existem próximos ao lugar onde você vive.

☐ 1 ☐ 2 ☐ 3 ☐ 4

2. Converse com um colega sobre algum espaço de convivência que você frequenta com sua família e que não está representado nas imagens. Depois, conte para ele o que você costuma fazer nesse espaço.

A maquete de seu bairro

A maquete é uma construção em miniatura usada para representar espaços ou elementos de um lugar. As maquetes podem reproduzir muitos lugares, como bairros, ruas e praças.

Maquete que representa a cidade de São Paulo em 1841.

Maquete de um condomínio.

Agora você e mais três colegas vão construir uma maquete do bairro em que está localizada sua escola.

Nela devem aparecer a escola e tudo o que vocês observam em volta dela.

Material:

- placa de isopor ou papelão grosso;
- material reutilizável, como embalagens vazias de leite ou suco, tampinhas de garrafa etc.;
- tinta guache, canetas hidrográficas e lápis de cor;
- cola e tesoura sem ponta.

Maquete escolar de um pequeno bairro.

Modo de fazer

1. Preparem a base (o chão) na placa de isopor ou no papelão grosso.

   Para isso, desenhem e pintem as ruas, as calçadas, as praças, entre outros elementos.

2. Marquem os locais em que colocarão sua escola e as outras construções.

3. Com as embalagens vazias e limpas, montem as moradias, as árvores, os veículos, os ônibus e as pessoas.

   É só usarem a imaginação e a criatividade.

4. Colem na base (chão) tudo o que vocês montaram: prédios, árvores, carros, ônibus, entre outros.

   No dia marcado pelo professor e seguindo as orientações dadas por ele, o grupo deve apresentar a maquete aos colegas.

Ilustrações: Carlos Seribelli

É importante que as tarefas sejam divididas entre os membros do grupo, para que todos participem da criação da maquete.

1. Numere a segunda coluna de acordo com a primeira.

1 bairro residencial ☐ Lugar em que existem sítios, fazendas, plantações e criação de animais.

2 bairro rural ☐ Lugar em que há muitos estabelecimentos, como mercados, lojas etc.

3 bairro comercial ☐ Lugar em que há grande número de moradias.

2. Complete as frases e o diagrama com as palavras corretas.

- O n_____ de alguns bairros relaciona-se com a história das famílias que os ocuparam.

- Com o passar do t_____ os bairros mudam para atender melhor os m_____.

	N					T	
M							

3. Assinale as imagens que retratam espaços nos quais é possível a convivência entre as pessoas.

Praça.

Farmácia.

Moradia.

Parque.

Supermercado.

Praia.

Periscópio

Para ler

Meu bairro é assim, de César Obeid. São Paulo: Moderna, 2016.

O livro apresenta diversos elementos de um bairro, como suas características e o nome das ruas, além de abordar as relações que se estabelecem no entorno da moradia ou da escola.

Editora Moderna

Para onde o coração aponta, de Murilo Cisalpino. Goiânia: Formato, 1996.

No livro, conhecemos a história de Mundinho, um garoto que, certo dia, percebe que seu bairro está mudando, pois vão acabar com o campinho de futebol onde ele joga bola com os amigos.

Editora Formato

Nas ruas do Brás, de Drauzio Varella. São Paulo: Companhia das Letrinhas, 2000.

O médico narra suas aventuras de criança, quando morava no bairro do Brás. O livro apresenta a cidade de São Paulo em uma época bem diferente, em que nem todas as casas tinham geladeira, poucos carros passavam pelas ruas e todo mundo do bairro se conhecia.

Editora Companhia das Letrinhas

Para acessar

Rádio "São Paulo minha cidade": o projeto registra a história dos bairros da cidade de São Paulo por meio de relatos dos moradores. Além de ter acesso a imagens e textos, é possível ouvir relatos pela rádio do projeto!
Disponível em: <www.saopaulominhacidade.com.br/radio>. Acesso em: 20 abr. 2018.

Os municípios

1. Recorte as peças da página 159 e cole-as nos espaços corretos para completar a cena.

Carlos Seribelli

2. O que a cena retrata?

Os municípios

Os bairros fazem parte de um município. Mas o que é um município?

Antes de responder a essa pergunta, vamos conhecer um pouco melhor nosso país?

O Brasil é o quinto maior país do mundo. Seu território tem mais de 8 milhões de km².

Para facilitar a **administração**, ele foi dividido em áreas menores ou unidades: 26 estados e o Distrito Federal.

> **Administração:** ato de administrar, ou seja, governar.

Observe o mapa.

Brasil: divisão política (2016)

Fonte: *Atlas geográfico escolar*. 7. ed. Rio de Janeiro: IBGE, 2016. p. 178.

A menor unidade administrativa

Os estados também são divididos em unidades políticas e administrativas. Essas unidades são os municípios.

> Os **municípios** são as menores unidades administrativas do país.

Estado de Santa Catarina: divisão política (2017)

Fonte: *IBGE*. Disponível em: <https://mapas.ibge.gov.br/politico-administrativo/estaduais>. Acesso em: 20 abr. 2018.

1. Siga as orientações do professor para fazer uma pesquisa e responder às questões.

a) Quantos municípios há no estado onde você mora?

_____

b) Qual município do seu estado tem:

• menos habitantes? _____

• mais habitantes? _____

c) Quais são os municípios mais próximos ao seu?

_____

♦ A administração dos municípios

Município é o local onde vivemos. Nele podemos encontrar parques, comércios, serviços, transportes, entre outros recursos disponíveis para os habitantes.

Os municípios brasileiros são administrados por prefeitos e vereadores escolhidos por uma parte dos moradores em eleições que acontecem de quatro em quatro anos.

Eleitora vota em urna eletrônica para escolher o prefeito e os vereadores para o município em que ela mora. Rio de Janeiro, Rio de Janeiro, 2016.

1. Marque um **X** na afirmativa correta.

☐ Os eleitores escolhem o prefeito e os vereadores que vão administrar os municípios brasileiros.

☐ Nos municípios, apenas os moradores de alguns bairros participam das eleições para prefeito e vereadores.

2. Quanto tempo dura o mandato do prefeito e do vereador de um município?

_____

_____

Como é administrado o município

Para administrar um município, o prefeito eleito seleciona uma equipe de pessoas que serão responsáveis por cuidar de diferentes setores, como saúde, educação, meio ambiente, transportes, entre outros. Essas pessoas são chamadas de secretários.

Os vereadores são responsáveis por propor leis que atendam às necessidades dos moradores do município. Os prefeitos e os vereadores são os representantes políticos dos moradores do município.

No prédio da prefeitura geralmente funcionam também algumas secretarias. Belterra, Pará, 2017.

A quantidade de vereadores varia de acordo com o número de habitantes de cada município. Itacaré, Bahia, 2014.

1. Assinale as frases corretas.

☐ Prefeito, secretários e vereadores são responsáveis pela administração dos municípios.

☐ Todos os secretários que ajudam o prefeito a administrar o município são eleitos pela população.

☐ Os vereadores propõem leis que melhoram a qualidade de vida de todos os moradores do município.

◈ A história de um município

Cada município tem uma história, geralmente ligada à origem de seus fundadores. Vamos conhecer a história de um deles?

O município de Blumenau, que fica no estado de Santa Catarina, começou a se formar a partir de 1850, com a chegada de algumas famílias alemãs ao Brasil em busca de terra e trabalho.

Quando essas famílias chegaram, a região já era ocupada havia muito tempo por povos indígenas kaingang e xokleng.

Conforme as famílias alemãs foram ocupando essas terras, começaram a ocorrer diversos conflitos com alguns povos indígenas. No entanto, houve casos em que a convivência entre **imigrantes** e indígenas foi pacífica.

A agricultura foi a primeira atividade desenvolvida pelos imigrantes alemães, que cultivavam milho e aipim, conforme aprenderam com os indígenas, e diversos outros produtos.

Arquivo Histórico José Ferreira da Silva, Blumenau

Retrato de família de imigrantes alemães tirado há mais de 100 anos. Sentada ao centro, uma mulher xokleng adotada pela família. Blumenau, Santa Catarina.

Imigrante: pessoa que muda para outro país.

A região cresceu

À medida que a região foi crescendo, pessoas com profissões diferentes se mudaram para o local, como artesãos, marceneiros, ferreiros, médicos e veterinários. A região cresceu e se tornou oficialmente o município de Blumenau em 1880.

Mais tarde, famílias vindas de outros países se deslocaram para o município e também passaram a morar nele. Os moradores construíram fábricas de alimentos, de bebidas, de malhas, entre outras. Algumas delas foram fundadas há mais de cem anos e estão em funcionamento até hoje.

Conforme o município de Blumenau se desenvolveu, novas indústrias foram instaladas, mais pessoas foram morar nele e surgiram novos bairros. Atualmente, Blumenau tem mais de 330 mil habitantes.

Avenida movimentada no centro de Blumenau, Santa Catarina, 2017.

1. Escreva **V** se a frase for verdadeira e **F** se for falsa.

☐ Antes da chegada dos imigrantes alemães, o local onde hoje é o município de Blumenau era habitado pelos povos indígenas kaingang e xokleng.

☐ O contato entre os povos indígenas e os imigrantes alemães sempre foi pacífico.

2. Com a ajuda do professor, você e os colegas vão pesquisar a origem das primeiras famílias que chegaram a seu município. Anote as descobertas no caderno.

❈ Como são os municípios brasileiros?

De acordo com o Instituto Brasileiro de Geografia e Estatística (IBGE), em 2013 o Brasil tinha 5570 municípios.

Há diferenças e semelhanças entre eles. Por exemplo, todos os municípios têm um nome, mas a área territorial de cada um é diferente.

Vamos identificar outra diferença? Observe as imagens.

O município de São Paulo é o mais populoso do Brasil. Vivem nele mais de 12 milhões de pessoas.

O município de Serra da Saudade, em Minas Gerais, é um dos menos populosos do país, com menos de 900 habitantes.

O município de São Gonçalo, no Rio de Janeiro, tem mais de 800 mil habitantes.

1. Qual foi a principal diferença que você identificou entre os três municípios ao ler a legenda das fotografias?

_____

_____

2. Que outras diferenças você encontrou ao observar as imagens?

_____

_____

Semelhanças

Mesmo sendo diferentes, é possível identificar algumas semelhanças entre os municípios brasileiros.

Vamos conhecer uma delas? Observe as imagens.

Aldeia indígena Apucaraninha, ao sul do município de Londrina, Paraná.

Aldeia indígena Maiá, no município de São Gabriel da Cachoeira, Amazonas.

Município de Londrina, Paraná.

Município de São Gabriel da Cachoeira, Amazonas.

1. Converse com dois colegas e depois pinte o quadrinho da frase que explica uma semelhança entre os municípios das fotografias.

☐ Nesses municípios brasileiros não encontramos grupos indígenas.

☐ Nesses municípios brasileiros moram povos indígenas.

As áreas de um município

Os municípios brasileiros, geralmente, têm área urbana e área rural.

Vamos conhecer as características de cada uma dessas áreas?

Área urbana

1 Na área urbana há grande concentração de pessoas e predominam ruas, avenidas, casas, edifícios, comércio, agências bancárias, hospitais, entre outros elementos que a caracterizam.

Área urbana do município de Feira de Santana, Bahia, 2016.

Área rural

2 Na área rural ou no campo predominam sítios e fazendas em que se desenvolvem a agricultura e a criação de animais, além de haver locais em que é praticado o extrativismo.

Área rural do município de Nova Fátima, Paraná, 2017.

1. Ao observar a imagem 1, que elementos estão relacionados ao texto que trata das áreas urbanas?

_____

_____

2. Ao observar a imagem 2, que elementos estão relacionados ao texto que trata das áreas rurais?

_____

_____

3. No município onde você mora predominam:

☐ áreas urbanas. ☐ áreas rurais.

4. Que outro elemento há no município onde você mora e não está representado nas imagens da página anterior?

☐ Praia. ☐ Floresta. ☐ Rio.

☐ Outro: _____.

5. Observe a imagem e faça o que se pede.

a) Circule a parte da imagem que corresponde à área urbana.

b) Marque com **X** a parte da imagem que corresponde à área rural.

Imagem de satélite do município de Bernardino de Campos, São Paulo, 2017.

Google Earth, 2017

O modo de vida nas áreas urbanas

Os moradores das áreas urbanas geralmente têm acesso mais fácil a diferentes meios de transporte e estão mais próximos de diversos estabelecimentos.

Observe as imagens.

Teatro. Garanhuns, Pernambuco, 2015.

Hospital público. Santarém, Pará, 2016.

Estação de metrô. São Paulo, São Paulo, 2015.

Shopping center. Novo Hamburgo, Rio Grande do Sul, 2016.

1. Há elementos da área urbana de seu município representados nas imagens? Se sim, quais?

_____

_____

Os desafios dos moradores das áreas urbanas

A maioria da população brasileira habita áreas urbanas.

Para que essa população viva com qualidade, principalmente nas áreas urbanas maiores e mais populosas, os governos municipais enfrentam vários desafios.

Parada de ônibus com muitas pessoas. Taubaté, São Paulo, 2017.

Pessoas em situação de rua. Curitiba, Paraná, 2016.

Moradias construídas em área de risco. Vitória, Espírito Santo, 2016.

Reforma em hospital lotado de pacientes. Sergipe, Aracaju, 2017.

1. Escreva na legenda de cada imagem qual desafio, apresentado por ela, precisa ser enfrentado pelo governo municipal.

2. Converse com os colegas sobre os desafios a serem enfrentados em seu município.

As áreas rurais ou campo

No Brasil, há diversas comunidades que vivem nas áreas rurais ou no campo e se dedicam a atividades como a produção agrícola, a criação de animais e a extração de elementos da natureza.

Nelas, há pessoas que trabalham em suas próprias terras e são donas dos instrumentos que utilizam; outras trabalham para os proprietários da terra e dos instrumentos de trabalho.

Coletor de castanha.
Laranjal do Jari, Amapá, 2017.

Agricultores em colheita de maçã.
Fraiburgo, Santa Catarina, 2016.

Agricultor em propriedade familiar.
Itapecerica da Serra, São Paulo, 2015.

Trabalhadores conduzem gado.
Poconé, Mato Grosso, 2015.

1. Observe as imagens e marque com **X** as atividades que você conhece.

2. Quais produtos originários do campo você consome? Converse com os colegas e o professor.

O modo de vida de alguns moradores do campo

O modo de vida das comunidades do campo costuma ser diferente daquele adotado pelas comunidades urbanas.

Por exemplo, para ter acesso a diversos estabelecimentos e instituições, como centros comerciais e hospitais, os moradores de muitas comunidades rurais precisam se deslocar para as áreas urbanas ou cidades.

Agricultor em colheita de morango. Urânia, São Paulo, 2016.

Crianças brincam em lago. Alvarães, Amazonas, 2015.

Trabalhadores carregam caminhão com abacaxis. Marataízes, Espírito Santo, 2016.

Mulher cozinha em fogão a lenha. Santo Antônio do Manhuaçu, Minas Gerais, 2016.

1. O trabalho familiar é um dos aspectos mais importantes para diversas comunidades do campo. Com a ajuda do professor, pesquise como esse tipo de trabalho é organizado e registre suas descobertas no caderno.

Comunidades quilombolas: presentes em muitos municípios!

Você já ouviu a palavra **quilombola**? E a palavra **quilombo**?

A palavra **quilombola** vem de **quilombo**, nome dado às comunidades formadas por pessoas que, entre 1630 e 1888, fugiam da escravidão.

Escravidão é a situação em que uma pessoa se torna propriedade de outra e perde o direito à liberdade.

Durante mais de 300 anos, milhares de africanos foram trazidos à força para trabalhar como escravos no Brasil.

Essas pessoas não aceitaram pacificamente a condição de escravos e resistiram de diversas formas. A formação de quilombos por escravos fugidos foi uma delas.

Além dos africanos que fugiram da escravidão, diversos grupos indígenas e outras pessoas pobres viveram nos quilombos. Mesmo após o fim da escravidão, em 1888, muitos quilombolas e seus descendentes permaneceram nas comunidades.

Instituto de Estudos Brasileiros/IEB, Universidade de São Paulo

Joan Blaeu e Georg Marcgraf. Detalhe do mapa Praefecturae Paranambucae pars Meridionalis, em *Atlas Maior*, 1647. A imagem retrata pessoas no maior quilombo da história do Brasil, o Quilombo dos Palmares, localizado na região dos atuais estados de Alagoas e Pernambuco.

Atualmente, o Brasil tem mais de 1800 comunidades quilombolas nas áreas urbanas e rurais.

Essas comunidades buscam preservar suas tradições culturais, e muitas se empenham para garantir a posse da terra que ocupam há muitos anos.

Comunidade kalunga de Vão de Almas. Cavalcante, Goiás, 2017.

Um exemplo é a comunidade Vão de Almas, uma das mais de 60 comunidades que pertencem ao Quilombo Kalunga, o maior do país, formado há mais de 300 anos. Desde que foi formado, seus moradores se dedicam ao artesanato, cozinham em fogão a lenha e celebram festas tradicionais que aprenderam com os antepassados.

1. O que eram os quilombos?

_____

_____

2. Qual é a origem da palavra **quilombola**?

_____

_____

3. De acordo com o texto, quais atividades são realizadas pelos moradores do Quilombo Kalunga desde sua formação até os dias atuais?

_____

_____

Como é seu município?

1. Observe as imagens.

Caruaru, Pernambuco, 2015.

Natal, Rio Grande do Norte, 2014.

Ouro Preto, Minas Gerais, 2014.

Londrina, Paraná, 2016.

a) Qual dos municípios retratados nas imagens é mais parecido com o seu? Por quê?

_____

b) Qual é o menos parecido? Por quê?

_____

2. Qual é o nome do município onde você mora?

_____

3. Você mora na área urbana ou na área rural?

_____

4. Com a ajuda do professor, pesquise se no município onde você reside há comunidades indígenas ou quilombolas. Registre suas descobertas no caderno.

5. Desenhe no espaço a seguir o lugar de seu município de que você mais gosta e conte aos colegas o porquê.

O desperdício de alimentos nas áreas urbana e rural

Em 2016, pesquisas revelaram que a produção de alimentos no Brasil era suficiente para alimentar toda a população do país e que, por causa do desperdício e da desigualdade social, mais de 7 milhões de pessoas ainda passavam fome.

Verduras descartadas em centro de distribuição na cidade de São Paulo, 2017.

O desperdício de alimentos no Brasil começa nas áreas rurais. Perdem-se alimentos na colheita, se não for feita de forma adequada, no transporte para as áreas urbanas, nos centros de abastecimento, nas feiras, nos mercados etc.

As famílias também desperdiçam alimentos quando compram mais do que consomem, o que faz com que eles se estraguem e sejam descartados.

Observe algumas atitudes que podemos tomar para evitar que alimentos sejam desperdiçados.

Evitar comprar alimentos por impulso ou fazer estoque.

Atentar-se à data de validade durante a compra.

Higienizar e secar frutas e outros vegetais antes de guardá-los na geladeira.

Aproveitar todas as partes do alimento, inclusive talos e cascas.

Não selecionar frutas e outros vegetais somente pela aparência.

Usar a criatividade para aproveitar sobras de alimentos.

1. Converse com seus familiares e pergunte se, na última semana, em sua casa, alimentos foram jogados no lixo.

2. Combine com seus familiares de que modo vocês podem evitar que alimentos sejam jogados no lixo. Anote a conclusão de vocês e compartilhe-a com os colegas.

_____

_____

_____

_____

1. Observe as imagens e circule as que se parecem com o município onde você mora.

Ilustrações: Vanessa Alexandre

2. Analise as fotografias e identifique a que retrata a área rural e a que retrata a área urbana de um município.

Petrolina, Pernambuco, 2015.

Teresina, Piauí, 2015.

- Agora escolha uma das imagens acima e descreva, aos colegas e ao professor, as características que observou nela.

3. Há muitos anos, a área urbana do município de Salvador foi dividida em Cidade Alta e Cidade Baixa. Compare as duas imagens e escreva no caderno o que mudou e o que permanece até hoje.

Urbs Salvador, s.d. Gravura da cidade de Salvador publicada no atlas *America*, de Arnoldus Montanus e John Ogilby, 1671.

Vista da Cidade Alta e Cidade Baixa em Salvador, Bahia, 2016.

Periscópio

📖 Para ler

A cidade que derrotou a guerra, de Antonis Papatheodoulou e Myrto Delivoria. São Paulo: Companhia das Letrinhas, 2014.
Os autores apresentam uma cidade diferente, com jeito próprio, onde a vida dos habitantes era tranquila. Até que surgiu um novo morador, o senhor Armando Aguerra, que perturbou a paz de todos.

Uma aldeia perto de casa, de Telma Guimarães Castro Andrade. São Paulo: Atual, 2000.
O livro narra a história de dois irmãos que precisavam fazer uma pesquisa escolar sobre o Dia do Índio. Seus pais, então, os levaram para conhecer uma aldeia indígena próxima à cidade onde moravam.

Histórias da Cazumbinha, de Meire Cazumbá e Marie Ange Bordas. São Paulo: Companhia das Letrinhas, 2010.
Cazumbinha conta histórias de sua infância na comunidade quilombola onde nasceu, no interior da Bahia, às margens do Rio São Francisco.

▶ Para assistir

Disque quilombola, direção de David Reeks, 2012.
Documentário que traz conversas entre crianças de duas comunidades quilombolas do Espírito Santo que vão se descobrindo por meio da brincadeira do telefone de lata.

As cidades

1. Na ilustração a seguir há elementos que geralmente não são comuns em áreas urbanas. Identifique-os.

O que é cidade?

Você já sabe o que é município. Sabe também que no município existem as áreas urbana e rural. E cidade, você sabe o que é?

Chamamos de cidade a área urbana do município que apresenta grande quantidade de elementos construídos pelo ser humano e que abriga a **sede municipal**.

Há em todas as cidades aspectos comuns, que as tornam parecidas: bairros com moradias, estabelecimentos comerciais, ruas com tráfego de veículos e de pessoas, áreas de lazer, além da prefeitura e da Câmara Municipal.

Observe as imagens e leia as legendas.

> **Sede municipal:** local em que estão os órgãos que administram o município, como a Prefeitura e a Câmara Municipal.

Vista da cidade de Jataizinho, Paraná, 2015.

Vista da cidade de Vila Velha, Espírito Santo, 2016.

Vista da cidade de Campo Belo, Minas Gerais, 2016.

Vista da cidade de São Bernardo do Campo, São Paulo, 2014.

1. Circule os aspectos que caracterizam as cidades.

grandes áreas de criação de animais

Câmara Municipal

bairros residenciais e comerciais

prefeitura

sítios

áreas agrícolas

2. Escreva todos os aspectos comuns que você observa nas cidades retratadas nas imagens.

_____

_____

3. Você mora em uma cidade? Justifique sua resposta.

_____

_____

_____

⚜ Cada cidade, uma história

Você já sabe que as cidades apresentam características comuns, mas que têm histórias diferentes.

Vamos conhecer algumas delas?

Ouro Preto

Praça Tiradentes, Ouro Preto. Aquarela de autoria desconhecida feita entre 1785 e 1790.

Instituto de Estudos Brasileiros/IEB, Universidade de São Paulo

Ouro Preto é um município do estado de Minas Gerais. A origem dele está ligada à descoberta de ouro no Brasil entre os anos de 1690 e 1750.

Diversos estudos indicam que, há mais de 500 anos, as atuais cidades do estado de Minas Gerais, incluindo Ouro Preto, eram habitadas por povos de origem indígena como kayapós, puris, maxakalis, cataguases, entre outros.

A partir de 1690, a descoberta de ouro atraiu diversas pessoas para a região, entre elas bandeirantes paulistas, portugueses e seus descendentes, que trouxeram escravos de origem africana para trabalhar nas minas. Esses escravos eram responsáveis por extrair o ouro, além de exercer várias atividades domésticas.

Inicialmente, Ouro Preto era um povoado e, em 1711, foi elevado à categoria de vila.

São Paulo

Museu de Arte Sacra de São Paulo, SP

Benedito Calixto. *Antigo Pátio do Colégio*, s. d. Óleo sobre tela, 35 cm × 60 cm.

A atual cidade de São Paulo foi fundada em 25 de janeiro de 1554 por um grupo de padres jesuítas portugueses. No local da fundação, eles construíram uma pequena igreja e uma casa que era usada como colégio. Antes de 1554, a região era habitada por indígenas, principalmente das etnias tupiniquim e guaianá.

Após a fundação, com a chegada de povos de diferentes lugares do mundo, a cidade foi crescendo e ganhando novos aspectos.

1. Releia a história de Blumenau na página 28. Compare-a com as histórias de Ouro Preto e de São Paulo. Em seguida, identifique e registre a principal semelhança entre elas.

_____

_____

2. Quais eram os povos de origem indígena que habitavam as regiões abaixo?

a) Blumenau: _____.

b) Ouro Preto: _____.

c) São Paulo: _____.

Algumas marcas do passado

Em muitas cidades é possível encontrar, ainda hoje, vestígios, costumes e tradições das comunidades que as originaram.

Esses vestígios trazem informações do passado, ou seja, revelam como viviam as sociedades de outros tempos, compondo parte de sua memória. Alguns deles se tornaram Patrimônio Histórico e Cultural.

Praça Tiradentes, Ouro Preto, Minas Gerais, 2014.
A cidade de Ouro Preto foi tombada pelo Instituto do Patrimônio Histórico e Artístico Nacional (Iphan) em 1938.

Pateo do Collegio (Pátio do Colégio), centro de São Paulo, São Paulo, 2013. O local foi tombado pelo Conselho Municipal de Preservação do Patrimônio Histórico, Cultural e Ambiental da Cidade de São Paulo (Conpresp) em 2015.

> **Patrimônio Histórico e Cultural** é o conjunto formado por bens históricos, artísticos, arquitetônicos, imateriais e naturais que têm importância pública, pois guardam informações sobre a história e a memória de grupos que compõem uma sociedade.

As imagens da página anterior mostram exemplos de patrimônio histórico e cultural das cidades de Ouro Preto e de São Paulo.

Essas cidades mudaram com o tempo. Atualmente, mesmo com as mudanças, Ouro Preto é considerada uma cidade histórica, pois nela predominam as construções antigas que remetem a um passado distante e guardam a memória da população que viveu lá.

A cidade de São Paulo, por sua vez, também mudou. Hoje as construções que predominam são prédios, grandes avenidas etc. Mas seu marco inicial permanece como memória de sua fundação.

1. Com a ajuda do professor, pesquise e descubra:

   a) Quais são os patrimônios históricos e culturais da cidade onde você mora?

   _____

   _____

   _____

   b) Quais são as histórias e as memórias que eles guardam?

   _____

   _____

   _____

Salvador, a primeira capital do Brasil

Salvador é uma das maiores cidades brasileiras. Capital do estado da Bahia, a cidade também é um importante centro histórico e turístico do Brasil.

Pelourinho, Salvador, Bahia, 2015. O Largo do Pelourinho e sua vizinhança abrigam muitos casarões e igrejas construídos entre os anos 1601 e 1800.

Elevador Lacerda. Salvador, Bahia, 2014. Patrimônio Histórico e Artístico do Brasil, é o principal meio de transporte entre a Cidade Alta e a Cidade Baixa de Salvador.

Os portugueses chegaram ao Brasil em 1500, fizeram viagens para reconhecer o território e, alguns anos depois, iniciaram o processo de colonização.

> No contexto da chegada dos portugueses, **colonizar** significava tomar posse de um território, ocupando-o e dominando os povos que habitavam o lugar anteriormente.

Em 1549, a cidade de Salvador foi escolhida pelo rei de Portugal como a primeira capital da colônia portuguesa na América e recebeu o nome de São Salvador da Baía de Todos-os-Santos.

Desde a chegada dos primeiros portugueses, essa região tornou-se referência para os navegadores por ser um porto natural para as embarcações.

O Porto de Salvador tornou-se o maior do Brasil Colonial. Nele desembarcavam inúmeros navios carregados de africanos, que foram trazidos para trabalhar como escravos.

A entrada de africanos por esse porto durante séculos contribuiu para que, atualmente, a cidade de Salvador concentre o maior número de afrodescendentes do Brasil.

Carlos Julião. *Elevasam e Fasada*..., 1779. A aquarela mostra africanos escravizados trabalhando na cidade de Salvador.

Festa de Santa Bárbara. Salvador, Bahia, 2015. Essa festa é considerada patrimônio imaterial da Bahia em razão de reunir expressiva diversidade cultural e religiosa.

A história da Bahia, principalmente da cidade de Salvador, ajuda a conhecer melhor o processo de colonização do Brasil.

1. Grife no texto os trechos que relacionam o passado à atual presença de afrodescendentes na cidade de Salvador.

2. Qual é a importância do Elevador Lacerda para a cidade de Salvador?

_____

_____

_____

Algumas cidades mineiras

Entre os anos 1690 e 1750, foram encontrados ouro e diamantes na região que hoje corresponde a Minas Gerais.

A notícia sobre a descoberta do ouro espalhou-se por diversos lugares do Brasil e também de Portugal, o que gerou uma grande **migração** de pessoas com o objetivo de explorar as minas, encontrar ouro e enriquecer.

As atuais cidades de Ouro Preto, Mariana e Diamantina, por exemplo, são antigas vilas fundadas nesse período. Mas quem habitava essas cidades?

Além dos **garimpeiros**, que tinham autorização para explorar as minas, um grande número de escravos – responsáveis por realizar diferentes tipos de trabalho –, comerciantes, proprietários de terras, artesãos, funcionários do governo português que fiscalizavam as minas, cobradores de impostos, entre outros, habitavam as cidades.

> **Garimpeiro:** pessoa que trabalha na exploração das minas.
> **Migração:** ato de deslocar-se, saindo de um país ou região, para morar em outro lugar.

Hugo Araújo

Representação do cotidiano de trabalhadores em rua de cidade mineira.

À medida que mais pessoas chegaram, as cidades mineiras cresceram. Algumas traziam produtos, que passaram a ser comercializados nas novas vilas da região. Com isso, muitas profissões, como alfaiate, barbeiro e médico, multiplicaram-se, ganhando importância.

Carlos Julião. *Extração de diamantes*, cerca de 1776. Aquarela, 37,1 cm × 26,6 cm. Para fazer o trabalho nos garimpos era utilizada a mão de obra escrava.

1. Que relação você identifica entre o surgimento e o desenvolvimento das cidades de Diamantina, Mariana e Ouro Preto?

_____

_____

_____

2. Indique com um **X** quem eram os moradores dessas cidades.

- [ ] artesãos
- [ ] escravos
- [ ] sertanejos
- [ ] funcionários do governo
- [ ] proprietários de terras
- [ ] comerciantes
- [ ] maquinistas
- [ ] médicos
- [ ] vaqueiros
- [ ] mineradores

3. Em sua opinião, por que as atividades desenvolvidas por esses trabalhadores foram importantes na formação das cidades mineradoras?

As cidades mineiras hoje e ontem

Atualmente, Ouro Preto é uma das cidades mais visitadas do Brasil e abriga vários monumentos. Um deles é a Casa da Ópera, o teatro mais antigo do Brasil, inaugurado em 1770 e parte do Patrimônio Histórico e Cultural da cidade.

Outra cidade mineira importante é Mariana. Fundada em 1696, é bastante conhecida pelas igrejas que conserva, como Nossa Senhora do Carmo, Nossa Senhora das Mercês e Nossa Senhora do Rosário. Todas elas foram construídas entre 1752 e 1769.

Diamantina também é uma cidade que se destaca em Minas Gerais. Durante o período da mineração, ela era conhecida como Arraial do Tijuco, porém recebeu o nome de Diamantina devido às minas de diamantes que foram encontradas na região.

Atualmente, Diamantina é considerada Patrimônio Cultural da Humanidade. Também é conhecida por causa de seus músicos, que durante a noite fazem serenatas nas ruas, embaixo das sacadas dos casarões.

Teatro Municipal, antiga Casa da Ópera. Ouro Preto, Minas Gerais, 2011.

Igreja São Francisco de Assis e o pelourinho, à esquerda, e Santuário de Nossa Senhora do Carmo, à direita. Mariana, Minas Gerais, 2016.

Vista das igrejas e casas de Diamantina, Minas Gerais, 2014.

Em 1713, a atual cidade de São João del Rei era uma das vilas mais importantes de Minas Gerais. A extração do ouro, a agricultura e a criação de gado eram as principais atividades da região.

Ainda hoje, a cidade preserva monumentos importantes, como a Capela de Nossa Senhora da Piedade e o Teatro Municipal.

Ponte da Cadeia ou Ponte da Intendência. São João del Rei, Minas Gerais, 2014.

> **Patrimônio Cultural da Humanidade** é o bem ou conjunto de bens naturais ou culturais de importância reconhecida para a humanidade, que deve ser protegido e preservado.

1. Você mora em uma cidade que tem características semelhantes às de uma dessas quatro cidades? Se sim, identifique-as.

_____

2. Reúna-se com um colega e, juntos, escolham uma das cidades citadas. Façam uma pesquisa sobre ela e respondam às perguntas abaixo em uma folha de papel avulsa.

a) Quais são os patrimônios históricos e culturais da cidade?

b) Quais são as construções mais visitadas da cidade?

O Cais do Valongo

O Cais do Valongo, localizado na cidade do Rio de Janeiro, foi declarado, em 2017, Patrimônio Cultural da Humanidade.

Inaugurado em 1811, tornou-se o principal ponto de desembarque de mais de 2 milhões de africanos trazidos à força para o Brasil como escravos.

Entre 1774 e 1831, o desembarque de africanos escravizados no Rio de Janeiro ocorreu somente na Praia do Valongo, onde, com o passar dos anos, foram construídas várias instalações. Além do cais, havia também um mercado no qual os escravos eram vendidos, casas de comércio e um cemitério.

Observe a seguir uma imagem que representa o Rio de Janeiro em 1820, com destaque para a região do Valongo.

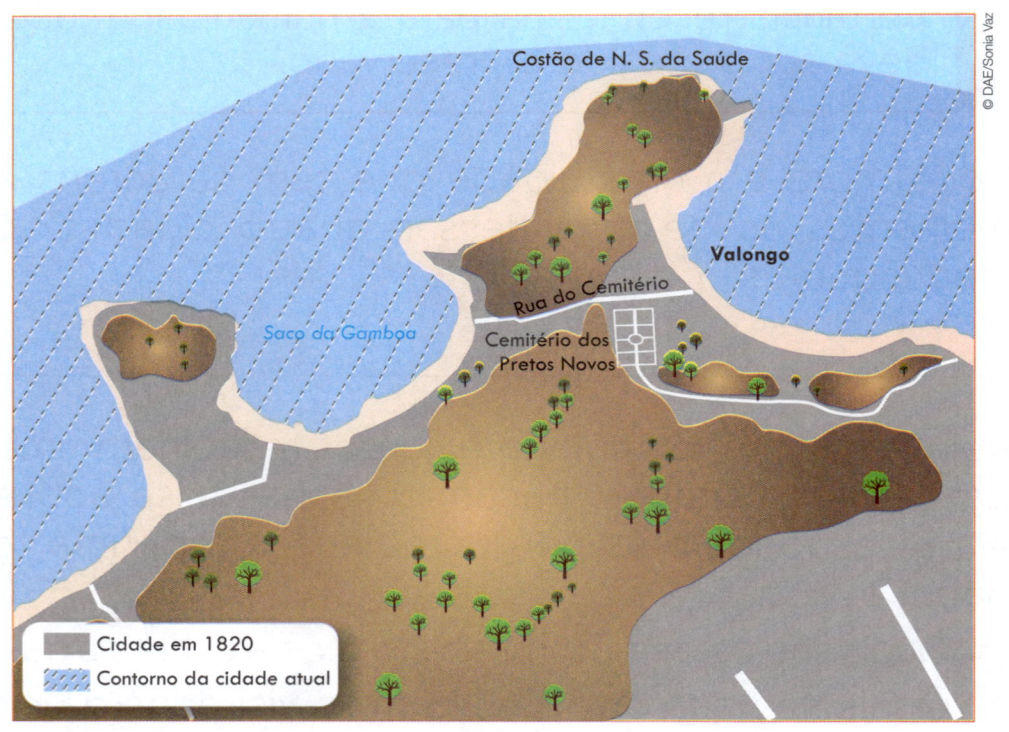

Fonte: Carlos Haag. Ossos que falam. *Pesquisa FAPESP*, n. 190, p. 27, dez. 2011. Disponível em: <http://revistapesquisa.fapesp.br/2011/12/24/ossos-que-falam>. Acesso em: 20 abr. 2018.

O local foi desativado como porto de desembarque de escravos em 1831 e **aterrado** em 1843 para a construção de um novo cais, chamado Cais da Imperatriz. Em 1911, ele também foi aterrado para dar lugar à Praça do Comércio.

Os cais do passado ficaram escondidos até 2011, quando a cidade do Rio de Janeiro iniciou as obras para os Jogos Olímpicos de 2016 e o local foi escavado.

Diante da descoberta, os arqueólogos foram chamados e encontraram nesse lugar fragmentos de cultura material: milhares de objetos, tecidos etc.

O Sítio Arqueológico do Cais do Valongo é o único ponto de desembarque do tráfico negreiro que está preservado.

Esse Patrimônio Cultural da Humanidade é um importante marco da história de nosso país. Ele é mais um elemento que possibilita às gerações atuais e futuras não se esquecer da escravidão, um período marcado por violência e supressão da liberdade de milhões de seres humanos.

> **Aterrar:** cobrir um local com terra, de forma que a superfície permaneça plana.

Calçamento do Cais do Valongo. Rio de Janeiro, Rio de Janeiro, 2017.

Rogério Reis/Pulsar Imagens

1. Com a ajuda do professor, pesquise informações sobre o Cais do Valongo e conheça alguns elementos e as histórias que foram descobertas nesse Patrimônio Cultural da Humanidade. Registre-as no caderno.

As cidades e o desafio das enchentes

As cidades têm diversos desafios que precisam ser enfrentados; um exemplo deles são as enchentes.

Elas ocorrem quando as águas dos rios se elevam e ocupam áreas ao redor deles. Essas áreas podem ser moradias, locais de trabalho ou mesmo patrimônios históricos e culturais.

As enchentes nas cidades ocorrem por diversos motivos:

Rio alaga a cidade de Xapuri, Acre.

Chuvas fortes elevam o nível das águas dos rios.

Rio alaga avenida em São Paulo, São Paulo.

A destruição de áreas verdes próximas aos rios contribui para as enchentes.

Enchente em avenida de Belém, Pará.

As ruas asfaltadas impedem que a água da chuva penetre no solo, sendo direcionada para bueiros e galerias de água.

Enchente em rua de São Paulo, São Paulo.

Bueiros e galerias de água entupidos fazem a água transbordar e alagar as ruas.

O que podemos fazer para prevenir as enchentes?

Funcionária da limpeza pública em Itajaí, Santa Catarina.

Mulher joga lixo na lixeira em Belo Horizonte, Minas Gerais.

A prefeitura deve varrer as ruas e avenidas, coletar o lixo regularmente e conservar galerias e bueiros limpos. Cabe aos moradores acompanhar a execução desse trabalho.

Nunca devemos jogar lixo nas ruas, nem descartar objetos em terrenos desocupados.

1. Cite dois motivos que causam enchentes nas cidades brasileiras.

_____

_____

_____

_____

_____

2. Reúna-se com dois colegas e, juntos, elaborem um cartaz com sugestões de atitudes que podem ser tomadas pela prefeitura e pelos moradores de sua cidade para evitar enchentes.

🔱 Podemos combater a dengue!

Há alguns anos, os brasileiros enfrentam a **proliferação** do mosquito *Aedes aegypti*, responsável pela transmissão de doenças como dengue, febre *chikungunya*, zika e febre amarela.

Tomar medidas preventivas e impedir que a dengue e outras doenças proliferem é uma ação de responsabilidade dos governantes por meio das secretarias de Saúde e Meio Ambiente.

Também é importante que cada pessoa contribua com atitudes para acabar com os locais que acumulam água e são favoráveis à reprodução do mosquito *Aedes aegypti*.

O mosquito *Aedes aegypti* mede menos de um centímetro e costuma picar nas primeiras horas da manhã e nas últimas horas da tarde. Sua picada não é percebida, porque ela não dói nem coça.

Os mosquitos proliferam em qualquer recipiente ou objeto onde possa haver o acúmulo de água limpa, como vasos de plantas, garrafas, pneus velhos, caixas-d'água etc.

> 📕 **Proliferação:** aumento, crescimento.

Campanha contra a dengue da Prefeitura Municipal de Jundiaí, São Paulo, 2014.

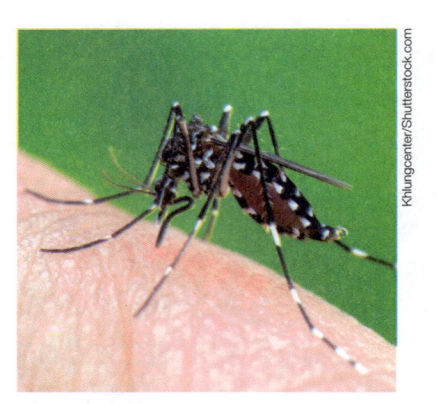

Mosquito *Aedes aegypti*. Imagem ampliada. Comprimento: de 0,5 a 1 cm.

1. Reúna-se com dois colegas para criar uma campanha de combate à proliferação do mosquito *Aedes aegypti* na escola e na casa de cada um de vocês. Essa campanha terá três fases.

Fase 1

Crie um folheto com informações sobre o *Aedes aegypti*, como formas de proliferação do mosquito e dicas de como acabar com os criadouros.

Carlos Siribelli

- **Material:** papel sulfite e canetas hidrocor.
- **Objetivo:** distribuir o folheto com essas informações ao maior número de pessoas.

Fase 2

A turma deve fazer um passeio pela escola e observar se existem objetos que possam servir de criadouros para o mosquito.

Sigam as dicas dos folhetos produzidos pelos grupos e eliminem esses possíveis criadouros.

Fase 3

Em casa, converse com seus familiares sobre o que aprendeu a respeito do mosquito *Aedes aegypti*. Depois, com eles, fiscalize sua moradia. O objetivo é observar se existem objetos e lugares em que o mosquito pode desenvolver-se. É importante ficar atento a qualquer objeto que possa acumular água.

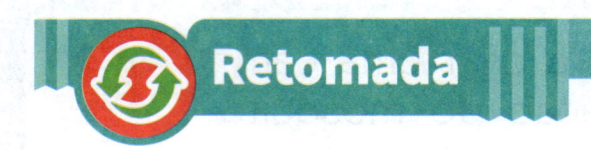

1. Assinale apenas as frases com as afirmações corretas.

☐ Cidade é a área urbana e sede de um município que apresenta grande quantidade de elementos construídos pelo ser humano, como prefeitura, Câmara dos Vereadores, comércio, fábricas etc.

☐ A colonização ocorre quando um grupo de pessoas chega a determinado lugar para conviver com quem já vive lá.

☐ Patrimônio Histórico e Cultural é todo bem natural, material, imaterial ou imóvel que tenha importância e significado cultural, artístico, religioso, documental ou estético para uma sociedade.

2. Reescreva a frase que você não assinalou na atividade 1 corrigindo-a.

_____

_____

3. Como a descoberta do ouro influenciou o surgimento de algumas cidades mineiras?

_____

_____

_____

4. Observe as fotografias e leia as legendas.

Paraty, Rio de Janeiro, 2017.
A cidade foi fundada em 1667 e teve grande importância econômica durante o Período Colonial devido aos engenhos de cana-de-açúcar e ao porto, por onde embarcavam para Portugal o ouro e as pedras preciosas extraídas no Brasil.

Curitiba, Paraná, 2016.
A cidade foi fundada em 1693 e recebeu diversos imigrantes a partir de 1900. Vindos principalmente da Europa, esses imigrantes influenciaram o desenvolvimento e os hábitos culturais da cidade.

a) Qual é a cidade mais antiga?

☐ Paraty.   ☐ Curitiba.

b) Qual das fotografias retrata uma cidade onde predominam elementos que remetem à origem dela? Justifique sua resposta.

_____

_____

_____

_____

_____

Periscópio

Para ler

A cidade muda, de Eduardo Amos. São Paulo: Moderna, 2016.

Juca conhece todo mundo na rua em que mora. Mas tudo muda do dia para a noite: o bairro cresce... a paisagem se transforma. Ele não entende o que está acontecendo: O que houve? Por que as pessoas nas ruas não se falam mais? A cidade mudou. A cidade está muda.

Editora Moderna

Para acessar

Entre paredes de concreto: Você sabia que muitos riachos e córregos foram escondidos enquanto as cidades cresciam? E que eles ainda passam embaixo de nossos pés? A reportagem da revista *Pesquisa Fapesp* mostra a relação entre o crescimento de São Paulo, o desaparecimento dos cursos de água e os problemas criados para as gerações futuras – como as enchentes.
Disponível em: <revistapesquisa.fapesp.br/2013/12/18/entre-paredes-de-concreto>. Acesso em: 20 abr. 2018.

Contra a dengue: jogo *on-line* em que você ajuda Sofia, uma garota de 7 anos, a combater os focos do mosquito *Aedes aegypti* na cidade dela.
Disponível em: <http://portal.ludoeducativo.com.br/pt/play/contra-a-dengue-2>. Acesso em: 20 abr. 2018.

Os serviços públicos essenciais

1. Circule os trabalhadores que realizam atividades muito importantes para a sua vida. Você sabe quais são essas atividades?

◈ O que é serviço público?

Serviço público é aquele prestado pelo governo para atender às diversas necessidades da população.

No Brasil, alguns serviços públicos são considerados essenciais para o bem-estar da população: tratamento e abastecimento de água; produção e distribuição de energia elétrica, gás e combustíveis; captação e tratamento de esgoto e lixo; assistência médica e hospitalar; segurança pública; distribuição e comercialização de medicamentos e alimentos; transporte coletivo; telecomunicações; funerária; guarda, uso e controle de substâncias radioativas, equipamentos e materiais nucleares; controle de tráfego aéreo; compensação bancária; e o processamento de dados ligados a serviços.

Funcionário do sistema metroviário.

Trabalhadores em antena de telecomunicações.

Controlador de tráfego aéreo em torre de controle de aeroporto.

1. Circule no texto os serviços que estão retratados nas imagens.

2. Escolha dois serviços públicos que não podem faltar em seu dia a dia. Escreva o nome deles e explique por que os escolheu.

Quem são os responsáveis pelos serviços públicos?

A maior parte dos serviços públicos prestados ao município são de responsabilidade das secretarias municipais, que contratam empresas e pessoas para executá-los.

Os trabalhadores ligados profissionalmente aos órgãos governamentais são chamados de servidores públicos.

1. Observe as imagens e numere as frases de acordo com os serviços prestados pelos trabalhadores.

Ilustrações: Carlos Seribelli

☐ Analisa a qualidade da água.

☐ Varre as ruas e coleta o lixo.

☐ Atende a população nos postos de saúde e hospitais.

☐ Faz a manutenção da iluminação pública.

☐ Orienta os alunos no processo de aprendizagem.

Serviço de limpeza e coleta de lixo

Um dos serviços públicos essenciais é a manutenção da limpeza, feita por meio da varrição das ruas e da coleta e tratamento do **lixo**, ou seja, o destino dado a ele.

O lixo é produzido nos espaços domésticos, nos hospitais, nas indústrias, na agricultura, entre outros.

Quando não tratado de maneira adequada, provoca vários danos para o meio ambiente e para a saúde de toda a população.

Os resíduos deixados nas ruas e terrenos baldios atraem roedores e insetos que podem transmitir diversas doenças, entre elas a dengue, a cólera e a leptospirose.

> **Lixo:** resíduos provenientes das atividades humanas que são descartados.

Trabalhador deposita lixo no caminhão de coleta. Imbituba, Santa Catarina, 2016.

Trabalhador da limpeza pública varre rua. São Luís, Maranhão, 2016.

1. Reúna-se com dois colegas e conversem sobre a importância do serviço desses profissionais. Depois registrem a resposta do grupo.

_____

_____

_____

Lixo no lugar certo!

Um dos grandes problemas da humanidade atualmente é o destino dos resíduos produzidos.

Leia o texto.

[...] sabemos que o lixo jogado na rua é uma forma de provocarmos o entupimento de bueiros e, assim, causarmos as enchentes.

A coleta seletiva de lixo é uma saída inteligente e fácil para que possamos tornar menor esse problema tão sério.

Todos nós podemos e devemos participar da solução para a questão do lixo e da poluição de nosso planeta. Um ato bem simples, que é jogar o lixo em lugar apropriado, é tão importante quanto o tratamento desses resíduos.

Leonardo Mendes Cardoso. *Planeta Terra: nossa casa!*
São Paulo: Editora do Brasil, 2005. p. 28 e 30.

1. De acordo com o autor, de que maneira podemos ajudar a reduzir o problema do lixo?

_____

_____

2. De acordo com o texto e as informações da página anterior, quais são as consequências de jogar o lixo em qualquer lugar?

_____

_____

_____

Abastecimento de água

A água é essencial para a vida, pois a usamos para beber, cozinhar os alimentos, tomar banho, entre outras atividades.

Antes de chegar às moradias e aos demais estabelecimentos, a água precisa ser tratada. No estado em que a encontramos na natureza, ela pode conter substâncias que são prejudiciais à saúde. Por isso, tomar água filtrada ou fervida é fundamental!

Observe na imagem o caminho que a água percorre até chegar a uma moradia.

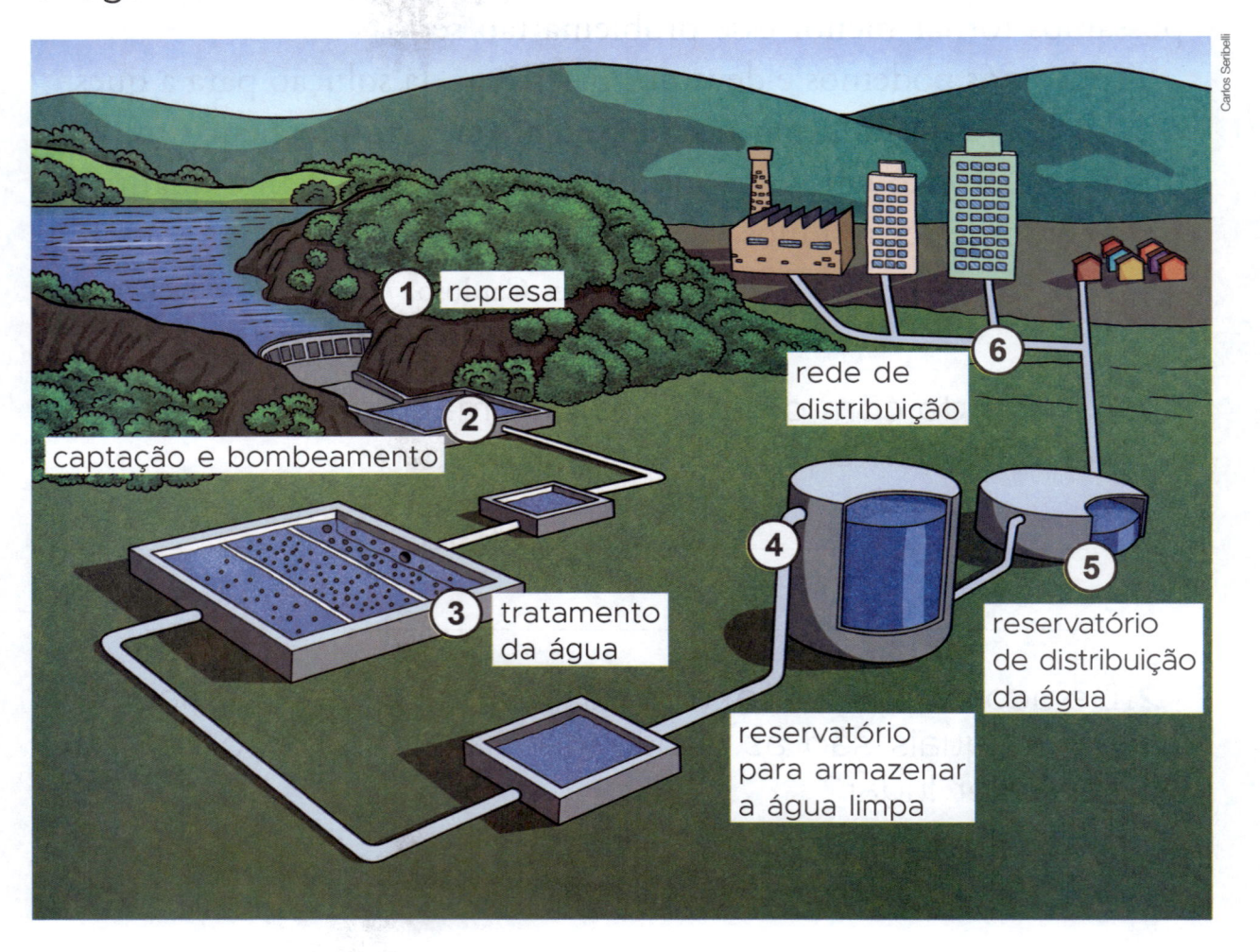

1. represa
2. captação e bombeamento
3. tratamento da água
4. reservatório para armazenar a água limpa
5. reservatório de distribuição da água
6. rede de distribuição

1. Com auxílio do professor, acesse o *site* da companhia de abastecimento de água de seu município para obter mais informações sobre as estações de tratamento de água.

Há muito tempo...

Vimos que, atualmente, a água tratada chega a muitos estabelecimentos e às moradias. Mas nem sempre foi assim.

Em várias cidades do país, até cerca de 100 anos atrás, os chafarizes e as fontes garantiam o abastecimento de água em alguns pontos do centro da cidade.

Essa água era coletada pelos moradores da região ou podia ser vendida para a população de outros bairros em barris de até 20 litros.

Algumas dessas construções ainda existem e são fontes históricas que ajudam a contar parte da história do abastecimento de água da cidade.

Coleção Thereza Christina Maria - Fundação Biblioteca Nacional, Rio de Janeiro

Detalhe da fonte do Largo do Paço. Rio de Janeiro, Rio de Janeiro, c. 1860. Fotografia de Revert Henry Klumb.

Gerson Gerloff/Pulsar Imagens

Biquinha de Anchieta, construída em 1553. São Vicente, São Paulo, 2012.

1. Na cidade onde você mora existe alguma fonte ou chafariz? Caso exista, siga as orientações do professor e faça uma pesquisa para descobrir se essa construção, no passado, foi importante para o abastecimento de água da cidade.

_____

_____

_____

Energia elétrica

A geração de energia elétrica é outro serviço público; a energia elétrica é uma das formas de energia mais utilizadas no mundo.

Acender a luz, ligar a televisão ou o computador, conservar os alimentos na geladeira, carregar a bateria do celular são exemplos de ações cotidianas que requerem o uso de energia elétrica.

As ruas, praças, lojas, fábricas, hospitais, escolas e outros serviços que são fundamentais em nosso cotidiano utilizam a energia elétrica para diversos fins.

No Brasil, a energia elétrica é gerada, principalmente, nas usinas hidrelétricas por meio da força da água dos rios. Usina hidrelétrica Itaipu Binacional, localizada no Rio Paraná, Foz do Iguaçu, Paraná, 2015.

1. De acordo com a imagem e a legenda acima, qual é a importância dos rios na geração de energia elétrica?

_____

_____

2. Circule no texto os exemplos de ações cotidianas que requerem o uso de energia elétrica.

A iluminação das ruas, avenidas e praças

Muitos municípios brasileiros atualmente são iluminados à noite com luzes elétricas. A iluminação das ruas, avenidas e praças é um serviço público importante.

Ruas da cidade iluminadas à noite. Manaus, Amazonas, 2011.

A iluminação noturna facilita o deslocamento de muitas pessoas, que saem para trabalhar, estudar ou mesmo se divertir depois de o sol se pôr e antes de ele nascer, e contribui para a segurança delas.

Mas quem acende essas luzes nos municípios?

As luzes das ruas, nos municípios, são acesas por meio de sensores, equipamentos instalados nos postes. Quando o sol se põe e a luminosidade diminui, os sensores detectam a falta de luz natural e enviam um sinal para a empresa distribuidora de energia que abastece o município, e as lâmpadas se acendem.

A iluminação pública elétrica foi usada pela primeira vez no município de Campos dos Goytacazes, no Rio de Janeiro, em 1883. Nos anos que se seguiram, ela foi instalada em outras cidades brasileiras.

Postes de iluminação elétrica. Campos dos Goytacazes, Rio de Janeiro, cerca de 1890.

1. Com os colegas e a ajuda do professor, faça uma pesquisa na companhia de energia elétrica que abastece sua cidade e descubra quando a iluminação pública elétrica foi usada pela primeira vez na cidade.

Os lampiões

Há muitos anos, antes da utilização da luz elétrica, a iluminação pública era feita por meio de lampiões. Esses equipamentos não se acendiam automaticamente e havia trabalhadores para essa função, que eram os acendedores de lampiões.

Leia o texto a seguir.

Hoje poucos sabem, mas antes de as cidades serem amplamente iluminadas pela luz elétrica, lampiões eram colocados em pontos estratégicos da cidade. E acendê-los era uma função muito apreciada.

Os acendedores de lampiões entravam em cena no finzinho da tarde, com uma vara especial dotada de uma esponja de platina na ponta. Ao amanhecer, apagavam, limpavam os vidros e abasteciam, quando necessário. Em 1830, na cidade de São Paulo, usavam azeite como combustível [...].

[...] O lampião a gás foi inventado em 1792, na Inglaterra, e serviu para aumentar a jornada de trabalho nas fábricas. Mas seu impacto foi ainda maior no dia a dia das cidades. Com eles, a noite ganhou vida. Teatros, cafés, restaurantes — a vida social passou a não depender mais da luz do sol. Nas noites de lua cheia, quando era possível aproveitar a luz natural, os acendedores eram dispensados de sua função.

Acendedor de lampiões. Rio de Janeiro, 1900.

Biblioteca Pública do Estado do Rio de Janeiro

Bruno Garcia. Acendedor de lampiões. *Revista de História da Biblioteca Nacional*, ano 7, n. 85, p. 60, out. 2012.

1. Como era a iluminação pública antes do surgimento da energia elétrica?

_____

_____

2. Onde os lampiões eram colocados?

_____

_____

3. Grife no texto o trecho que descreve o tipo de trabalho feito pelo acendedor de lampião.

4. Que tipo de combustível era utilizado nos lampiões da cidade de São Paulo em 1830?

☐ Óleo.   ☐ Azeite.   ☐ Gás.

5. Onde e em que ano os lampiões a gás foram inventados?

_____

6. O que aconteceu com a vida social na Inglaterra após a invenção dos lampiões?

_____

_____

_____

7. Já faltou energia elétrica em sua casa? O que você e seus familiares fizeram para iluminar o lugar? Converse com os colegas e o professor.

O tratamento de esgoto doméstico

O tratamento de esgoto é outro serviço público essencial.

Até 1900, muitos municípios brasileiros não tinham tratamento de esgoto, e os dejetos eram despejados em lagos, rios, no mar ou mesmo na rua.

Com o tempo, o tratamento de esgoto começou a ser feito no Brasil, mas ainda há municípios sem esse serviço.

Você sabe como o esgoto doméstico é tratado?

O esgoto doméstico é formado pela água que utilizamos no cotidiano. Essa água contém resíduos que precisam ser tratados.

1 Ao deixar as moradias, a água com resíduos vai para as estações de tratamento.

3 Depois ele chega às caixas de areia, onde ocorre o processo de filtração, em que a areia fica contida na caixa.

2 O esgoto passa por tanques com grades que servem para retirar sujeiras, como plástico, papel, tecidos, vidros etc.

5 O esgoto chega ao tanque de aeração onde há substâncias vivas que agem para diminuir ainda mais a poluição da água.

4 O esgoto chega ao decantador primário. Esse tanque filtra os grãos de areia e outros resíduos pequenos que não foram filtrados na caixa de areia.

6 Na última fase, o esgoto passa por um processo de filtração e limpeza com cloro para eliminar os resíduos mais resistentes.

Pronto! Agora a água já pode ser despejada na natureza.

Fabio Nienow

1. Assinale a alternativa correta.

☐ O tratamento do esgoto diminui a poluição dos rios, das represas e do mar.

☐ Não há necessidade de tratar o esgoto.

2. Formem grupos e, seguindo as orientações do professor, façam uma pesquisa para descobrir se há lugares sem tratamento de esgoto no município em que vocês moram. Caso haja, escrevam uma carta ao prefeito solicitando a criação de um plano de saneamento básico para esses locais.

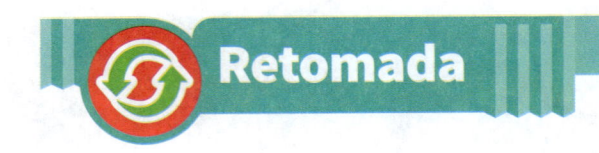

Retomada

1. Elabore uma frase sobre a importância dos serviços públicos essenciais.

_____

_____

_____

_____

2. Escreva **V** nas frases verdadeiras e **F** nas falsas.

☐ Os serviços públicos atendem às necessidades das famílias em suas moradias.

☐ Os municípios contratam diversos trabalhadores para prestar serviços públicos.

☐ Os serviços públicos devem atender apenas algumas pessoas.

3. Cite três serviços públicos essenciais que os municípios devem oferecer para que as pessoas possam viver melhor.

_____

_____

_____

_____

4. Compare as fotografias e assinale a que retrata uma situação adequada em benefício da população. Explique sua escolha.

Córrego do Lenheiro. São João del Rei, Minas Gerais, 2016.

Córrego Bussocaba. Osasco, São Paulo, 2015.

_____

_____

_____

5. Nas frases a seguir, escreva **A** para indicar as ações que podemos tomar para economizar água, **E** quando se tratar de economia de energia elétrica e **AE** quando a economia for de água e energia.

☐ Tomar banhos rápidos.

☐ Não lavar a calçada; usar vassoura para limpá-la.

☐ Durante o dia, usar a luz natural.

☐ Não deixar a porta da geladeira aberta.

☐ Manter a torneira fechada ao escovar os dentes.

Periscópio

📖 Para ler

A Água, de C. Vance Cast. São Paulo: Callis, 2011.

A água está presente em várias situações de nosso cotidiano. O professor Eugênio mostra como a água chega até a torneira das moradias, de onde ela vem e para onde vai depois que é usada.

Eu apago a luz para economizar energia, de Jean-René Gombert e Joëlle Dreidemy. São Paulo: Girafinha, 2007.

Aprenda a importância de economizar energia todos os dias e de preservar o meio ambiente.

▶ Para assistir

Zootopia, direção de Byron Howard e Rich Moore, 2016.

Zootopia é uma cidade formada por "bairros-hábitat", e que abriga uma grande diversidade de animais. Judy Hopps é uma pequena coelha, filha de agricultores que plantam cenouras há décadas. Ela sonha em tornar-se a primeira coelha policial e, para isso, muda-se para a cidade grande.

🖐 Para acessar

Smart Kids: o *site* oferece conteúdos educativos e um vídeo sobre a importância da reciclagem.
Disponível em: <www.smartkids.com.br/video/reciclagem>.
Acesso em: 20 abr. 2018.

Outros serviços e trabalhadores

1. Circule no tabuleiro as profissões de trabalhadores que servem ao município.

Vanessa Alexandre

	Prefeitura		Arco-íris		Prédio		Médico
Professor		Bombeiro		Município		Torneira	
	Telefone		Hospital		Diversão		Serviço
Vereador		Rural		Dentista		Urbano	
	Enfermeiro		Poluição		Creche		Guarda civil
Bicicleta		Preservação		Jornal		Computador	
	Posto de saúde		Secretário municipal		Escola		Cidade

Outros serviços públicos

O tratamento e o abastecimento de água, a produção e a distribuição de energia elétrica e a captação e o tratamento de esgoto e do lixo são alguns dos serviços públicos essenciais que devem ser assegurados a todas as pessoas.

Além desses, há outros serviços que também são importantes, prestados por servidores públicos.

Vamos conhecer alguns desses profissionais?

Os profissionais da cozinha da escola pública são responsáveis pela alimentação dos alunos.

Os profissionais de saúde de hospitais públicos são responsáveis por cuidar da saúde das pessoas.

Os agentes de trânsito são trabalhadores responsáveis por organizar o trânsito do município.

Os bibliotecários auxiliam os usuários e organizam o acervo das bibliotecas públicas.

A importância de cada um

Muitos professores, agentes de trânsito, médicos, enfermeiros, trabalhadores da cozinha de uma escola, entre outros profissionais, também são servidores públicos e desempenham atividades importantes para as comunidades das áreas urbanas e rurais dos municípios.

Você conhece pessoas que desempenham essas funções?

1. Numere os itens a seguir relacionando os trabalhadores retratados nas imagens da página anterior ao local de trabalho deles.

☐ Hospitais públicos e postos de saúde.

☐ Ruas e avenidas.

☐ Cozinha da escola pública.

☐ Biblioteca pública.

2. Escreva de que maneira cada profissional a seguir auxilia os moradores do município onde você mora.

a) agente de trânsito

_____

_____

b) profissional da cozinha da escola

_____

_____

c) enfermeiro

_____

Trabalhadores da educação

É responsabilidade dos municípios manter programas de Educação Infantil e do Ensino Fundamental, por isso há escolas em todos os municípios do Brasil.

Na escola há muitos trabalhadores. Há aqueles responsáveis por ensinar os alunos, por garantir a limpeza do ambiente, por administrar a escola, por preparar os alimentos, entre outros.

Você conhece todas as pessoas que trabalham para garantir o funcionamento de sua escola?

1. Reúna-se com dois colegas. Juntos, observem a ilustração da página anterior e respondam: Quais dos trabalhadores retratados na imagem podem ser encontrados na escola de vocês?

_____

_____

_____

_____

2. Agora vocês vão entrevistar duas pessoas que trabalham na escola para descobrir o que elas fazem.

   1. Utilizem o seguinte roteiro de perguntas e registrem as respostas no caderno.

- Qual é seu nome?
- Qual é sua função na escola?
- Quais são as atividades que você faz na escola?
- O que é preciso saber para fazer seu trabalho?
- Que objetos ou instrumentos você utiliza em seu trabalho?
- Qual é a atividade de que você mais gosta em seu trabalho?
- Você mora perto da escola?
- Que tipo de transporte você usa para vir à escola?
- Quanto tempo você demora para chegar à escola?

   2. Depois de terminar as entrevistas, o grupo deve apresentá-las ao restante da turma e contar por que escolheram esses dois trabalhadores.

⚜ Cuidar da saúde da comunidade

Garantir a saúde dos moradores também é uma das responsabilidades do município.

Os médicos e os enfermeiros são alguns dos trabalhadores que cuidam da saúde das pessoas. Geralmente, os locais de trabalho deles são hospitais, prontos-socorros e centros de saúde públicos.

Nos atendimentos, os médicos auxiliam a prevenir as doenças. Eles orientam a população a manter uma alimentação saudável, praticar atividades físicas, dormir bem e tomar as **vacinas** importantes para a prevenção de doenças, como tétano, gripe e hepatite.

Quando ficam doentes, as pessoas costumam procurar um hospital. Em alguns municípios brasileiros, entretanto, os médicos atendem às famílias nas moradias, seja nas áreas urbanas, seja nas rurais.

Observe as imagens.

> **Vacina:** medicamento que protege o organismo contra determinadas doenças.

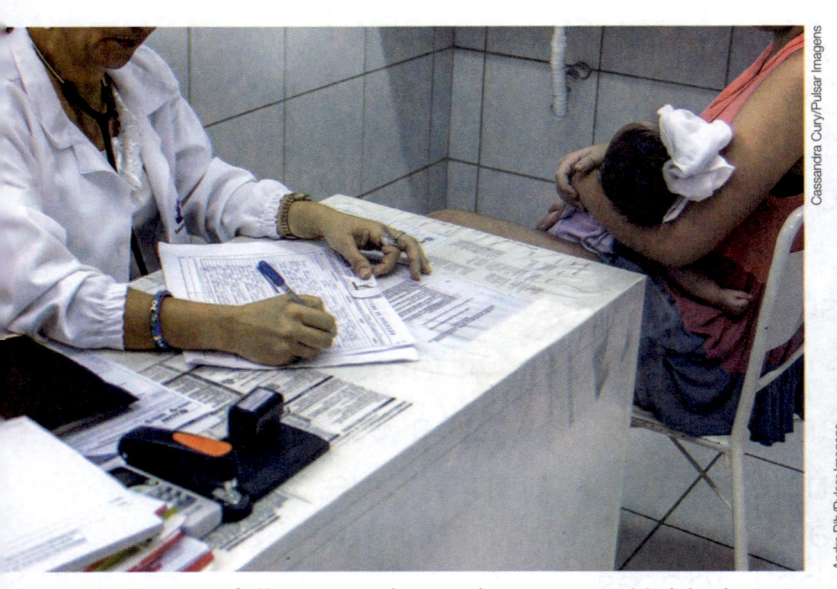

Médica atende pacientes em Unidade Básica de Saúde.
Acari, Rio Grande Norte, 2014.

Atendimento da equipe de assistência hospitalar à comunidade de Maguari.
Belterra, Pará, 2014.

Cassandra Cury/Pulsar Imagens

Andre Dib/Pulsar Imagens

E sua saúde, como está? Vamos fazer sua ficha de saúde?

1. Responda ao questionário abaixo. Caso não saiba responder a alguma pergunta, peça ajuda a um adulto que more com você.

Ficha de saúde

- Quantos dias por semana você faz exercícios físicos?

  1 2 3 4

  5 6 7

- Quantas horas você dorme por dia?

  1 2 3 4 5 6

  7 8 9 10 11 12

- Quantas vacinas você já tomou?

  _____

- Você costuma ir ao médico quando não está doente?

  ☐ Sim.   ☐ Não.

Rogério Rios

2. Troque essas informações com os colegas. Como você e eles estão cuidando da saúde?

A Revolta da Vacina

As vacinas começaram a ser usadas há pouco mais de 200 anos e atualmente fazem parte das **políticas públicas** de saúde.

No Brasil, há quase 150 anos, as populações urbanas sofriam com várias epidemias, que causaram a morte de muitas pessoas.

No Rio de Janeiro, por exemplo, parte da população sofria com doenças como febre amare-

> **Políticas públicas:** conjunto de programas que os governos desenvolvem para o bem-estar dos cidadãos.

la, cólera e varíola, que se espalhavam rapidamente.

Em 1904, o governo decidiu que os casarões onde muitas famílias pobres moravam, no Rio de Janeiro, fossem derrubados e os moradores fossem transferidos para lugares mais afastados do centro da cidade, além de determinar a vacinação obrigatória contra varíola sem dar nenhuma explicação à população.

Insatisfeitos com o fato de serem expulsos da própria casa e com a obrigatoriedade de ser vacinados, os moradores foram contra essa decisão. Esse episódio ficou conhecido como Revolta da Vacina.

A imagem ao lado e o texto da página seguinte mostram como o caso foi noticiado na época.

In: Revista *O Malho*, 1904

Revolta da Vacina. Charge de Leônidas publicada na revista *O Malho*, n. 111, em 1904.

A vacinação obrigatória

A reação contra a lei da vacinação obrigatória, que há dias vem se manifestando por parte da população, e que ontem tomou proporções bastante sérias, deve ter sido uma surpresa para o governo.

Desde que, contra os avisos unânimes de todos os órgãos de opinião, o governo insistiu em fazer votar essa lei, as suas consequências eram palpáveis e deviam ser mesmo o que estamos presenciando.

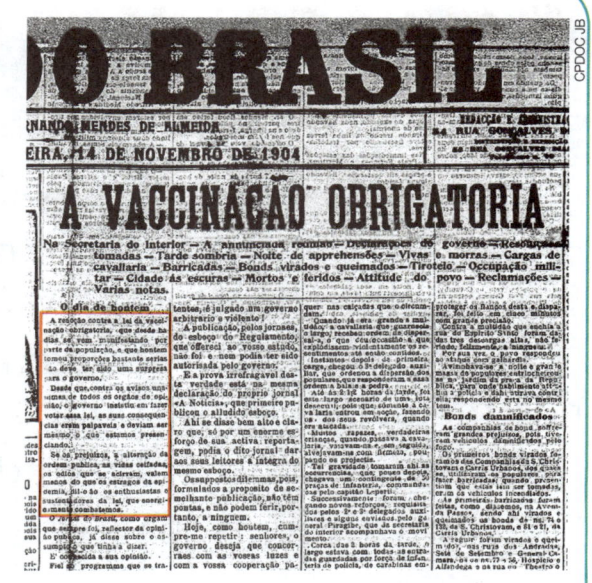

Destaque da primeira página do *Jornal do Brasil* noticiou, em 14 de novembro de 1904, a vacinação obrigatória. Em vermelho, trecho reproduzido ao lado.

Se os prejuízos, a alteração da ordem pública, as vidas ceifadas, os ódios que se acirram valem menos do que os estragos da epidemia, dirão os entusiastas da lei, que energicamente combateremos.

A vaccinação obrigatoria. *Jornal do Brasil*, 14 nov. 1904. Disponível em: <http://memoria.bn.br/DocReader/030015_02/15214>. Acesso em: 20 abr. 2018.

1. Quais são os elementos da charge que demonstram a revolta da população mais pobre do Rio de Janeiro em 1904?

_____

_____

_____

_____

2. Circule no texto as expressões que se relacionam com o que você vê na imagem.

Mais serviços que atendem às comunidades

Nos municípios brasileiros muitos trabalhadores prestam serviços à população, mas não são contratados pela prefeitura, ou seja, não são servidores públicos.

Essas pessoas trabalham nas indústrias, lojas, farmácias, nos mercados, entre outros estabelecimentos.

Vamos conhecer alguns deles?

Observe as imagens.

Trabalhadores em uma indústria de calçados.

Jornalista e cinegrafista gravam uma reportagem.

Farmacêutica auxilia cliente em farmácia.

Jardineiros trabalham em canteiro de plantas.

1. Quais são os serviços prestados pelos trabalhadores representados nas imagens?

_____

_____

_____

2. Em seu município há alguma indústria? Se sim, qual?

_____

_____

3. Onde está localizada a maior parte das lojas, farmácias e mercados de seu município?

_____

_____

4. Pinte as frases corretas.

> Todos os trabalhadores de um município são servidores públicos.

> Nos municípios, os trabalhadores prestam diversos serviços à população. Alguns deles são servidores públicos.

> Nos municípios há servidores públicos e outros trabalhadores que, embora prestem serviços à população, não são servidores públicos.

Trabalhadores das áreas rurais

As principais atividades econômicas dos trabalhadores das áreas rurais são, geralmente, a agricultura, a **pecuária** e o extrativismo.

No Brasil, o extrativismo é feito principalmente pelas comunidades do campo que habitam a Região Norte. Muitas dessas comunidades extraem da natureza castanha, açaí e látex, material retirado da seringueira e utilizado para a fabricação de borracha.

A agricultura é uma das atividades praticadas pelos seres humanos há muito tempo. O agricultor é responsável pelo plantio, cultivo e colheita de grãos, verduras, legumes e frutas.

Há agricultores que trabalham em plantações de outras pessoas. Alguns deles produzem em pequenas propriedades que, geralmente, pertencem a todas as pessoas da família.

Agricultor na colheita de alface **hidropônico**.

Agricultores em colheita de beterraba.

O que mais se faz nas áreas rurais?

A criação de animais, como bois, vacas, porcos, galinhas, cavalos e abelhas, também é uma atividade econômica comum nas áreas rurais.

Para desenvolver as atividades das áreas rurais são necessários conhecimentos específicos e o uso de diversas tecnologias.

Apicultor manuseia uma colônia de abelhas.

Na agricultura, por exemplo, é preciso que haja um espaço apropriado para as plantações, ferramentas para o plantio e a colheita, entre outros.

Já para a criação de animais, são necessários espaços e equipamentos adequados, alimentos para os animais etc.

Pecuarista cuida de gado.

Apicultor: trabalhador que se dedica à criação de abelhas.

Hidropônico: característica do alimento cultivado com a técnica chamada de hidroponia, na qual as plantas são cultivadas sem solo e as raízes recebem uma solução de água e nutrientes.

Pecuária: atividade econômica de criação de gado em grande quantidade.

1. Reúna-se com um colega e conversem a respeito de como seria nossa alimentação se não houvesse trabalhadores rurais. Registrem a resposta no caderno e a apresentem ao restante da turma.

Produção agrícola familiar

Em muitos lugares do Brasil, agricultores buscam diferentes técnicas para melhorar a qualidade do solo e dos produtos cultivados.

Leia no texto a seguir como alguns agricultores dos municípios de Iranduba e Manaquiri, no Amazonas, aprenderam em um projeto a exploração consciente da terra.

Agricultura familiar na Amazônia ganha novos horizontes

Nas três propriedades selecionadas para participar do projeto, uma técnica que está sendo disseminada com sucesso pelos pesquisadores consiste, principalmente, na rotação de culturas. Nas plantações de tomate, por exemplo, os técnicos da Embrapa têm orientado os pequenos produtores a experimentar o milho, que retira fósforo do solo, para fazer o rodízio e melhorar a produtividade do solo. "Isso permite a recuperação dos nutrientes para que, no próximo plantio, a mesma terra volte a produzir tomate em condições de ser comercializado", afirma a chefe-geral da Embrapa, Maria do Rosário Lobato Rodrigues, coordenadora geral da pesquisa [...].

Márcia Telles. Agricultura familiar na Amazônia ganha novos horizontes. *Inovação em pauta*, Rio de Janeiro: Finep, n. 7, p. 49, ago./out. 2009.

1. De acordo com o texto, qual é a técnica utilizada pelos pequenos produtores?

_____

2. Por que essa técnica é importante? Converse com os colegas e o professor.

3. Siga a orientação do professor para descobrir o que é Embrapa e em que área atua.

_____

_____

_____

_____

4. Observe o gráfico e faça o que se pede.

Participação da agricultura familiar na produção de alimentos (2006)

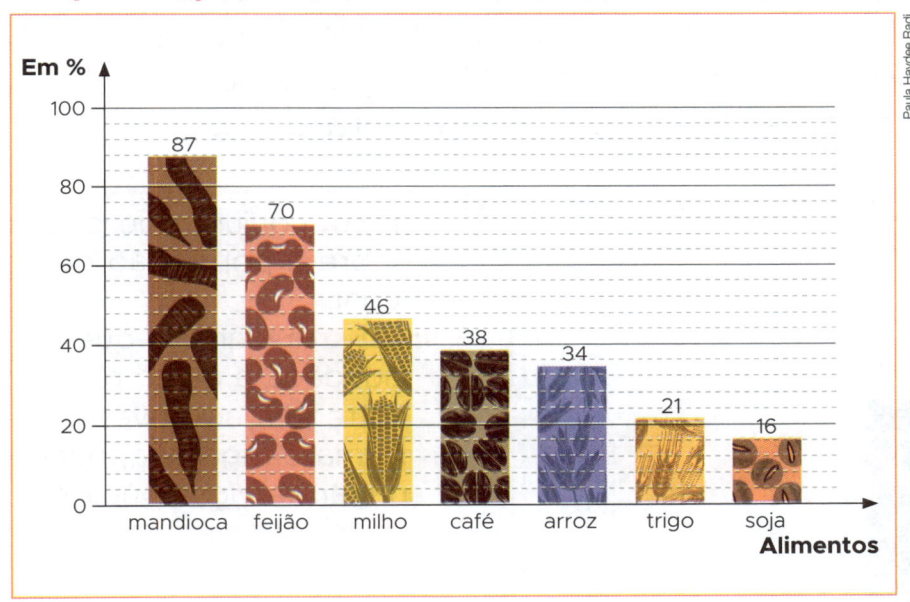

Fonte: Ministério do Desenvolvimento Agrário. *Agricultura familiar no Brasil e o Censo Agropecuário 2006.* Disponível em: <www.mda.gov.br/sitemda/sites/sitemda/files/ceazinepdf/3697318.pdf>. Acesso em: 20 abr. 2018.

a) Explique o que o gráfico representa.

_____

_____

b) Escreva em ordem crescente os três alimentos mais cultivados pelos agricultores familiares.

_____

O direito à educação

No Brasil, a educação é um direito dos brasileiros, e o ensino é obrigatório para crianças e adolescentes de 4 a 17 anos.

Para garantir que todos tenham acesso à educação, existem as escolas públicas. Nessas escolas, crianças, adolescentes e adultos podem estudar gratuitamente, porque o custo desse importante serviço é pago pela população, por meio da arrecadação de **impostos**, e administrado pelo governo.

No entanto, nem todas as crianças e adolescentes brasileiros estão na escola. Em fevereiro de 2017, o Instituto Nacional de Estudos e Pesquisas Educacionais Anísio Teixeira (Inep) divulgou dados do Censo Escolar 2016. Segundo o **censo**, havia mais de 2 milhões de crianças e jovens fora da escola.

Escolas públicas e escolas privadas no Brasil

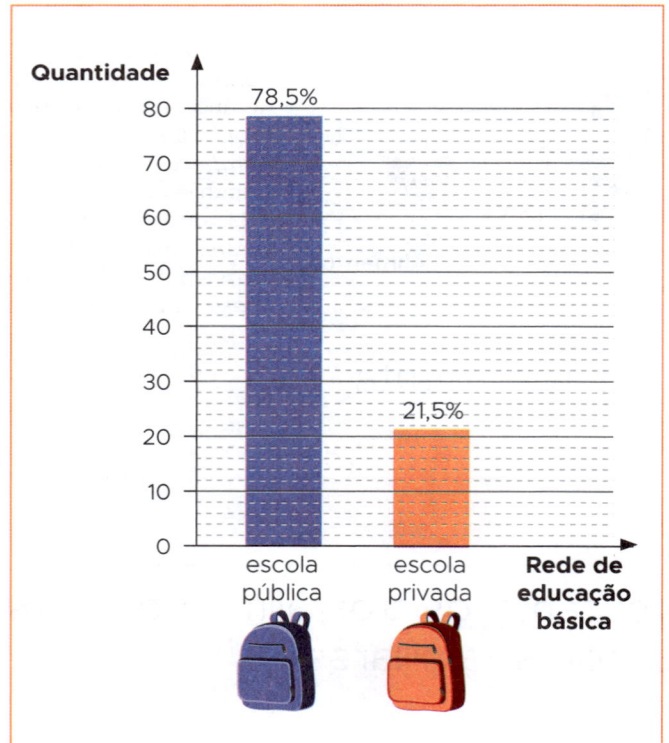

Paula Haydee Radi

> **Censo:** conjunto de dados sobre a população de um lugar.
>
> **Imposto:** dinheiro que os cidadãos e as empresas entregam ao governo, de forma obrigatória, para pagar serviços públicos.

Fonte: *Censo Escolar da Educação Básica 2016: notas estatísticas*. Brasília: Inep/MEC, 2017. Disponível em: <http://download.inep.gov.br/educacao_basica/censo_escolar/notas_estatisticas/2017/notas_estatisticas_censo_escolar_da_educacao_basica_2016.pdf>. Acesso em: 20 abr. 2018.

Observe o gráfico abaixo. Ele mostra o número de crianças e jovens, por idade, que estão fora da escola, e o nível de ensino no qual deveriam estar matriculados.

Crianças e jovens de 4 a 17 anos que não frequentam a escola no Brasil

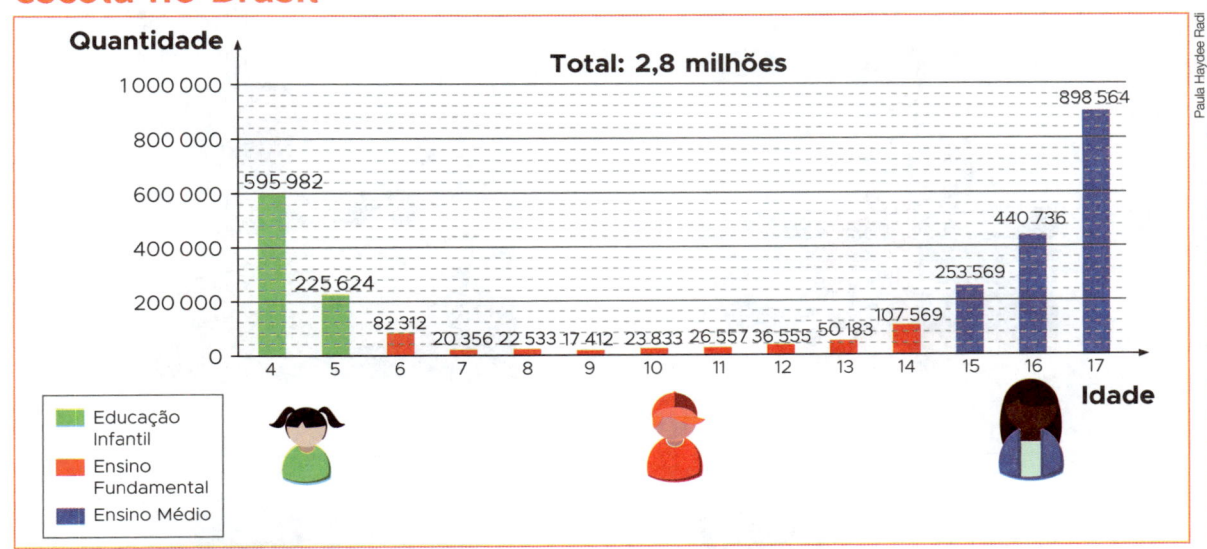

Fonte: *Censo Escolar da Educação Básica 2016: notas estatísticas – Apresentação*. Brasília: Inep/MEC, 2017. Disponível em: <http://download.inep.gov.br/educacao_basica/censo_escolar/apresentacao/2017/apresentacao_censo_escolar_da_educacao_basica_%202016.pdf>. Acesso em: 20 abr. 2018.

1. Escreva por extenso o total de crianças e jovens que estão fora da escola.

_____

2. De acordo com o gráfico, qual é o nível de ensino em que há **mais** crianças e jovens fora da escola?

☐ Educação Infantil.   ☐ Ensino Fundamental.

☐ Ensino Médio.

3. Qual é o nível de ensino em que há **menos** crianças e jovens fora da escola?

_____

1. Elabore uma legenda que corresponda à profissão do trabalhador representado em cada imagem.

Ilustrações: Carlos Seribelli

_____

_____

_____

_____

_____

_____

2. Escreva nos espaços a seguir a importância dos serviços prestados pelos trabalhadores de cada área.

   a) educação

   _____

   _____

   b) saúde

   _____

   _____

3. Escreva a primeira letra do nome de cada figura nas linhas abaixo para descobrir quais são os trabalhadores citados e os serviços por eles prestados.

   a) O ____ ____ ____ ____ ____ ____ ____ ____ ____ ____ é um profissional que elabora notícias sobre acontecimentos atuais.

   b) O ____ ____ ____ ____ ____ ____ ____ ____ ____ é o profissional que conduz o ônibus usado no transporte público pelas pessoas para se locomover.

4. Agora assinale o item da atividade anterior que indica o profissional que está mais presente em seu cotidiano.

   ☐ a   ☐ b

Periscópio

📖 Para ler

Lico e Leco – Profissões, de Aino Havukainen e Sami Toivonen. São Paulo: Panda Books, 2014. Conheça as aventuras de dois irmãos que queriam descobrir para onde os adultos vão sempre apressados. Eles se transformam em estagiários mirins e descobrem os segredos de diversas profissões.

ABC das profissões, de Lecticia Dansa. São Paulo: Rideel, 2015.
O livro traça o perfil das profissões, de A a Z, despertando a curiosidade das crianças sobre o mundo dos adultos e as estimulando a pensar numa profissão para quando crescerem.

👆 Para acessar

Direito à vida e à saúde – toda criança tem: nesse *site* você encontra uma história em quadrinhos e dois pequenos textos sobre o tema do direito das crianças à saúde. Disponível em: <www.turminha.mpf.mp.br/direitos-das-criancas/saude/direito-a-saude>. Acesso em: 20 abr. 2018.

Os espaços públicos

1. O que é, o que é?

Lugares por onde as pessoas transitam diariamente. Neles podemos conviver, praticar esportes e nos divertir.

Carlos Seribelli

O nome desses lugares é formado por duas palavras e está relacionado com o que você vai estudar nesta unidade.

• Que lugares são esses? _____

◆ O que são espaços públicos?

Espaços públicos são lugares em que as pessoas transitam, convivem, descansam, divertem-se, praticam esportes, entre outras atividades. São espaços abertos e de livre acesso para todas as pessoas.

Alguns espaços públicos podem ser encontrados tanto nas áreas urbanas como nas rurais. Outros geralmente estão mais presentes em áreas urbanas.

Rua comercial somente para pedestres.
Curitiba, Paraná, 2014.

Parque Moinhos de Vento.
Porto Alegre, Rio Grande do Sul, 2014.

Piscinão público.
Rio de Janeiro, Rio de Janeiro, 2015.

Praça no centro da cidade.
Poços de Caldas, Minas Gerais, 2015.

1. De acordo com o texto e as imagens, os espaços públicos são:

☐ espaços abertos para algumas pessoas.

☐ espaços abertos para todas as pessoas.

2. Você e sua família costumam frequentar espaços desse tipo? Se sim, quais seriam?

_____

_____

3. Escolha uma fotografia da página anterior. Descreva o espaço público retratado nela e explique qual é a importância desse local para a população.

_____

_____

_____

4. No caderno, faça uma lista dos espaços públicos de seu município.

5. Marque com **X** as atitudes que valorizam o espaço público.

☐ Preservar os parques limpos.

☐ Jogar lixo na rua.

☐ Não danificar os equipamentos das praças.

☐ Quebrar lâmpadas de iluminação das ruas.

❖ As ruas

Você sabia que a rua é um espaço público? Ao longo dela as pessoas constroem suas moradias e transitam de um lugar para o outro a pé ou utilizando diversos tipos de transporte.

A rua é um espaço público que existe nas áreas rurais e nas urbanas.

Em muitas situações, a história de uma rua está guardada na memória das pessoas que nela se estabeleceram.

Leia o depoimento da senhora Ana, uma das moradoras do bairro da Vila Carrão, no município de São Paulo:

> Vim morar no Carrão em 13 de janeiro de 1938... na estrada de Itaquera, atual Av. 19 de Janeiro. Na época não havia iluminação, meios de transporte... apenas algumas chácaras nas quais se cultivavam verduras, legumes e frutas.
>
> Vera Brandão. Relatos: a memória de São Paulo. *Portal do Envelhecimento*. Disponível em: <www.portaldoenvelhecimento.com/acervo/relatos/relatos5.htm>.
> Acesso em: 20 abr. 2018.

Marc Ferrez

Largo do Paço. Rio de Janeiro, Rio de Janeiro, 1894.

Você já imaginou como era, 50 anos atrás, a rua onde sua escola está localizada? E quantas pessoas viveram nessa mesma rua e passaram por ela?

Largo do Paço. Rio de Janeiro, Rio de Janeiro, 2016.

1. Observe novamente a rua retratada nas fotografias anteriores e faça o que se pede.

a) Complete o quadro com duas mudanças e duas permanências que você observou.

Mudanças	Pemanências

b) Que elementos você identifica nas fotografias que podem auxiliar no resgate da memória desse lugar?

2. Reúna-se com alguns colegas e, sob a orientação do professor, pesquisem como era a rua onde foi construída sua escola. Registrem as mudanças no caderno e compartilhem as informações com seus familiares.

O nome das ruas e a história

Todas as ruas têm um nome.

Em muitos municípios, há nomes de ruas relacionados a datas que marcaram a história do Brasil ou do lugar em que elas se localizam.

Outras ruas recebem o nome de artistas ou personagens conhecidos de nossa história.

Há ruas com nome ligado à cultura dos povos indígenas e afrodescendentes. Também existem ruas com nome de flores e pássaros e aquelas cujo nome é um número.

O nome dessa rua, na cidade do Rio de Janeiro, está relacionado a uma importante data para o Brasil: o dia em que foi proclamada a independência.

Símbolo da luta contra a escravidão, Zumbi dos Palmares é homenageado com a atribuição de seu nome a essa avenida da cidade de São Paulo.

Essa rua, na cidade de São Paulo, tem o nome de um pássaro muito comum no Brasil.

Em cidades como São Carlos, interior de São Paulo, algumas ruas foram nomeadas com números para facilitar a orientação das pessoas.

1. O nome da rua onde você mora está ligado a algum dos exemplos mencionados no texto? Se sim, a qual deles?

_____

_____

2. Reúna-se com alguns colegas e, com a ajuda do professor, pesquisem se no bairro da escola há alguma rua com o tipo de nome diferente dos exemplos citados no texto. Se sim, escreva o nome de uma delas.

_____

_____

_____

Para saber mais

Quem nomeia as ruas?

Você sabe quem escolhe o nome das ruas? Essa responsabilidade é da Câmara Municipal, e cada município tem leis próprias.

Em muitas cidades, a lei permite à população que participe desse projeto. Geralmente, é necessário que os moradores encaminhem uma **petição** aos vereadores para que eles votem uma lei solicitando o nome da via.

Atualmente, os novos nomes de ruas só podem ser atribuídos a pessoas falecidas, homenageando, desse modo, alguém que foi importante para a história da comunidade.

Léo Burgos

O nome dessa rua é homenagem a uma escritora brasileira.

Petição: pedido a uma autoridade.

◈ As praças

Você sabia que há muito tempo as praças são ponto de encontro de pessoas de diversas idades?

Em quase todos os municípios as praças são importantes espaços públicos.

Reprodução de cartão-postal que retrata a Praça Olympio Campos. Aracaju, Sergipe, 1910.

A imagem acima retrata um tempo em que não existia televisão, celular ou internet.

Naquele tempo, a praça era um dos espaços públicos mais importantes para a convivência. As pessoas marcavam encontros nas praças – que também serviam de ponto de referência para indicar a localização de um lugar – e lá realizavam diferentes atividades.

Com o passar dos anos, muitas praças perderam essa característica ou deixaram de existir. Mas ainda hoje é possível encontrar praças que mantêm aspectos do passado.

Praça Saldanha Marinho. Santa Maria, Rio Grande do Sul, 2016.

1. Complete o quadro com semelhanças e diferenças que você encontrou entre as duas praças retratadas.

Semelhanças	Diferenças

2. A praça mais próxima de sua casa é um espaço de convivência? Converse com os colegas e o professor.

Patrimônios históricos

Os patrimônios históricos podem estar nas ruas, nas avenidas, nas praças, nos parques. Eles podem ser construções de diferentes tempos que se mantêm até hoje.

Essas estruturas são importantes fontes históricas, pois são registros de parte da história de pessoas, famílias, municípios e até mesmo de países. Por meio delas podemos conhecer melhor as sociedades que viveram no passado: como eram as construções que faziam, como produziam conhecimento, como vivenciavam o lazer, como os governos se organizavam, entre outras características.

Arco do Teles. Rio de Janeiro, Rio de Janeiro, 2014.
O local foi construído por volta de 1743 e tombado pelo Iphan em 1938.

Conjunto Arquitetônico e Paisagístico da Cidade Alta. Porto Seguro, Bahia, 2014.
As várias construções do conjunto, erguido entre os anos de 1700 e 1900, foram tombadas pelo Iphan em 1968.

Rubens Chaves/Pulsar Imagens

Conjunto arquitetônico na cidade de Marechal Deodoro, Alagoas, 2015.
O conjunto começou a ser construído em 1611 e foi tombado pelo Iphan em 2009.

Ismar Ingber/Pulsar Imagens

Mercado Municipal Adolpho Lisboa. Manaus, Amazonas, 2015. O mercado foi construído entre os anos de 1880 e 1883 e tombado pelo Iphan em 1987.

1. Reúna-se com alguns colegas e, com a ajuda do professor, façam uma pesquisa no *site* da prefeitura para descobrir quais são os patrimônios históricos do município onde vocês moram. Escrevam o nome de algumas das construções encontradas e o ano em que foram construídas.

Nome da construção	Ano em que foi construída

Pintando muros

Em diversos espaços públicos é possível identificar a arte do grafite.

O grafite é uma manifestação artística caracterizada por inscrições nas paredes, muros e fachadas de espaços públicos. Essa arte pode ser feita por meio de diversas técnicas, como moldes de papel, pincel, rolo de tinta e *spray*.

Grafite do brasileiro Leandro Tick. Rio de Janeiro, Rio de Janeiro, 2016.

> **Grafiteiro:** pessoa que pratica a arte do grafite.

Alguns **grafiteiros** afirmam que a rua se transformou em um espaço para essa manifestação porque os artistas de bairros afastados não tinham como mostrar sua arte.

Grafite da afegã Shamsia Hassani. Cabul, Afeganistão, 2015.

A cidade de São Paulo é reconhecida como um grande centro de exposição de grafites, abrigando a Bienal Internacional Graffiti Fine Art, em que grafiteiros de diferentes regiões do Brasil e de outros países expõem suas obras para o público.

Layal Antanios/Fotoarena

Bienal Internacional Graffiti Fine Art. São Paulo, São Paulo, 2015.

1. Quais são os motivos indicados por alguns grafiteiros para exporem sua arte nas ruas?

_____

_____

_____

2. Há grafites em seu município? Em caso afirmativo, onde?

_____

_____

_____

3. Reúna-se com alguns colegas e, seguindo as orientações do professor, façam uma pesquisa para descobrir quais são as diferentes técnicas do grafite e como elas se diferenciam.

Em seguida, escolham a que mais gostaram e façam uma representação dela em uma folha de cartolina para apresentar aos demais colegas.

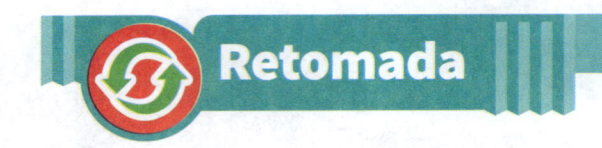

1. É correto afirmar que os espaços públicos:

☐ podem ser encontrados nas áreas urbanas e nas áreas rurais.

☐ podem ser encontrados apenas nas áreas urbanas.

☐ são espaços por onde as pessoas transitam, convivem umas com as outras, descansam, divertem-se e praticam esportes.

2. Observe a imagem de uma rua de lazer e faça o que se pede.

Avenida ao lado da praia de Ponta Negra. Manaus, Amazonas, 2016.

a) As ruas de lazer são:

☐ espaços exclusivos para andar de bicicleta.

☐ espaços fechados para o trânsito de veículos e onde as pessoas praticam atividades de lazer.

b) Que elementos auxiliaram você a encontrar a resposta anterior? Converse com os colegas e o professor.

3. Complete as frases com palavras encontradas no diagrama.

O	P	A	R	Q	U	E	S	F	O	T	I	P	E	G
R	T	R	A	V	E	N	I	D	A	S	U	R	M	A
U	A	P	Ã	R	T	A	M	E	N	T	O	A	O	T
A	C	E	R	E	A	S	P	A	R	E	L	Ç	J	E
S	L	P	O	P	U	L	A	Ç	Ã	O	X	A	I	U
H	E	Q	U	I	S	Ç	O	S	U	A	D	S	B	A
U	D	L	M	U	N	I	C	Í	P	I	O	S	O	D

a) São exemplos de espaços públicos: as _____,

as _____, as _____ e os _____.

b) Cuidar dos espaços públicos é um dever dos adminis-

tradores dos _____ e da _____.

4. Quais são as consequências para a população quando um espaço público, como uma praça ou o banheiro de um parque, é danificado ou destruído por alguém?

_____

_____

_____

_____

_____

_____

Periscópio

📖 Para ler

O dia em que a pracinha sumiu, de Márcia Frazão. São Paulo: Cosac Naify, 2002.

Certo dia, a turma do bairro descobre que a pracinha onde brincava sumiu. As crianças resolvem pedir ajuda para a bruxa Vitalina. Juntas, elas protestam contra a derrubada da pracinha e alertam os moradores quanto aos prejuízos de acabar com esse local de lazer.

A cidade que mudou de nome, de Conceil Corrêa da Silva e Nye Ribeiro. São Paulo: Editora do Brasil, 2010.

Em uma cidade chamada Trovoada, as pessoas não saíam às ruas e viviam mal-humoradas, trancadas em casa e sem amizades. Quando o Sol ressurgiu, as pessoas perceberam a cidade diferente, e as relações melhoraram para todos.

👆 Para acessar

Ciência Hoje das Crianças: a página apresenta diversos conteúdos educativos e as descobertas feitas no bairro da Lapa, no município do Rio de Janeiro, sobre o primeiro jardim público do Brasil.
Disponível em: <http://chc.org.br/um-passeio-cheio-de-historia>.
Acesso em: 20 abr. 2018.

7 A mobilidade urbana

1. Observe a imagem e faça um **X** nas cenas que não devem ocorrer no trânsito.

Vanessa Alexandre

◈ O que é trânsito?

Diversas pessoas saem de suas moradias para procurar emprego, trabalhar, estudar, visitar outras pessoas, divertir--se. Elas se movimentam nos espaços públicos, como ruas, avenidas e estradas. Para se locomoverem, andam a pé ou utilizam diferentes meios de transporte: bicicleta, carro, motocicleta, ônibus.

Você sabia que essa movimentação pode ser chamada de trânsito?

Trânsito de pessoas.
Juiz de Fora, Minas Gerais, 2015.

Tráfego de veículos.
Caruaru, Pernambuco, 2013.

Veículos em estrada de área rural.
Feijó, Acre, 2016.

Congestionamento em avenida.
Salvador, Bahia, 2016.

1. Quais imagens são mais parecidas com o trânsito do município em que você mora? Escreva os números referentes a elas.

Organizando o trânsito

Um dos serviços que as prefeituras dos municípios prestam à população é organizar o trânsito.

Os agentes responsáveis por organizar o trânsito controlam o número de veículos que passam por hora nas principais ruas e avenidas, verificam se há congestionamentos e auxiliam a circulação de veículos orientando os motoristas, além de garantir a segurança deles e de pedestres.

A prefeitura também é responsável por educar a população para o trânsito, por meio de campanhas e sinalização.

1. Observe as imagens e relacione-as com as frases.

Ciclovia.   Placa de trânsito.   Semáforo.

☐ Sinaliza o momento em que veículos estão autorizados a seguir em seus trajetos.

☐ Sinaliza o limite máximo de velocidade em que o veículo pode circular.

☐ Sinaliza uma área para o tráfego de ciclistas.

Os transportes coletivos

É responsabilidade das prefeituras de todos os municípios investir em transportes coletivos e organizá-los.

O transporte público coletivo é um direito social. Ele diminui o congestionamento de veículos, contribui para reduzir a poluição do ar e sonora e facilita o acesso da população a serviços como saúde, educação, trabalho, lazer e cultura.

Em vários municípios, há faixas exclusivas para a circulação de ônibus. As faixas de ônibus diminuem o tempo gasto pelas pessoas no trânsito, pois, ao trafegar por essas faixas, os ônibus não enfrentam engarrafamentos.

Passageiros embarcam em ônibus em zona rural. Tucumã, Pará, 2016.

Ônibus trafega em corredor exclusivo. Rio de Janeiro, Rio de Janeiro, 2016.

Transporte escolar trafega em uma rua. Piatã, Bahia, 2016.

Serviço de transporte para cadeirantes. Rio de Janeiro, Rio de Janeiro, 2016.

1. Quais transportes coletivos estão retratados nas imagens?

_____

2. Quais transportes coletivos circulam pelo município onde você mora?

_____

_____

3. Os transportes coletivos são uma alternativa no trânsito porque:

☐ contribuem para aumentar o congestionamento de veículos.

☐ diminuem os congestionamentos e contribuem para a redução da poluição do ar e sonora.

☐ são usados pela população para se locomover para o trabalho, a escola, os hospitais, entre outros lugares.

☐ transportam poucas pessoas de um lugar a outro.

4. De acordo com o texto, qual é a importância das faixas exclusivas de ônibus?

_____

_____

_____

_____

Transformações nos veículos de transporte coletivo

Os meios de transporte coletivo são modificados com o passar do tempo.

Essas mudanças ocorrem tanto pela necessidade de se transportar mais pessoas – devido ao aumento do número de moradores nas áreas urbanas ou das pessoas que se locomovem até elas para trabalhar – como pelos avanços tecnológicos.

Outro motivo que levou ao surgimento de diferentes transportes coletivos foram as mudanças no modo de vida das pessoas, que, atualmente, precisam chegar aos lugares com rapidez.

Bonde movido a força animal. Salvador, Bahia, cerca de 1890.

Bondes elétricos, em sentidos opostos. São Paulo, São Paulo, 1910.

Ônibus movido a combustão. São Paulo, São Paulo, 1962.

Ônibus biarticulado movido a gás natural. Goiânia, Goiás, 2015.

1. Observe as imagens e complete o quadro a seguir.

	Número da fotografia	Nome do meio de transporte
Qual é o meio de transporte coletivo mais moderno?		
Qual é o meio de transporte coletivo mais antigo?		

2. Pinte de **azul** os quadrinhos referentes às frases que apontam corretamente as semelhanças entre o meio de transporte coletivo mais moderno e o mais antigo apresentados nas imagens, e de **vermelho** os que apontam as diferenças.

☐ São movidos por força animal.

☐ São transportes coletivos.

☐ Transportam muitas pessoas.

☐ Transportam poucas pessoas.

☐ São transportes de épocas diferentes.

☐ Utilizam energia elétrica.

☐ Um utiliza animais para se mover; o outro usa combustível.

3. Qual dos meios de transporte retratados nas imagens transporta mais pessoas? Explique.

_____

_____

Acessibilidade

A acessibilidade é um direito das pessoas com deficiência que visa garantir a elas o acesso a todos os bens e serviços disponíveis.

Nos espaços públicos, as pessoas com deficiência têm direito a estacionamento com vagas exclusivas próximas à entrada dos prédios e a equipamentos como rampas, elevadores, semáforos com sinais sonoros e **piso tátil**.

> 🔲 **Piso tátil:** piso diferenciado que serve para orientar pessoas com deficiência visual.

Calçada acessível.
Manaus, Amazonas, 2015.

Calçada tátil.
Garopaba, Santa Catarina, 2015.

Diversos serviços, como o transporte coletivo, também devem ser equipados para atender a todos, por exemplo, com assentos especiais para pessoas com deficiência visual acompanhadas de cão-guia.

1. O que significa acessibilidade?

_____

_____

2. O seu município oferece condições adequadas para a mobilidade de pessoas com deficiência? Faça uma lista dos equipamentos instalados que você encontra no dia a dia e converse com os colegas.

Trânsito e poluição

A maioria dos meios de transporte que circulam nos municípios funciona com motores movidos a combustível, como diesel, gasolina, etanol, querosene ou gás natural veicular (GNV).

Muitos desses combustíveis são provenientes do **petróleo**. O petróleo é um recurso natural não renovável, seu valor é alto e sua utilização contribui para poluir o meio ambiente.

Quando os motores dos veículos funcionam, eles "queimam" o combustível, liberam gases que poluem o ar e causam várias doenças, principalmente respiratórias.

> **Petróleo:** óleo mineral natural retirado do subsolo e utilizado na fabricação de gasolina e outros produtos.

Caminhão solta fumaça, poluindo o ar. Rio de Janeiro, Rio de Janeiro, 2015.

Camada de poluição no horizonte da cidade. São Paulo, São Paulo, 2016.

1. Atualmente, os motores dos meios de transporte são movidos por quais combustíveis?

_____

2. Quais são as desvantagens dos combustíveis provenientes do petróleo? Converse com os colegas e o professor.

Redução da poluição dos transportes

Em diferentes lugares do Brasil e do mundo, há pessoas pesquisando combustíveis menos poluentes que o petróleo. Elas ajudam a desenvolver combustíveis menos poluentes, extraídos de plantas como cana-de-açúcar, mamona e milho ou de outras **fontes renováveis**, como a energia elétrica.

Fonte renovável: forma de produção de energia elétrica que pode ser extraída do vento e do Sol, por exemplo, de forma ilimitada.

Veículos a etanol

Entre os tipos de combustível utilizados no Brasil, o etanol é o menos poluente. Ele é um biocombustível, ou seja, um combustível de origem biológica ou natural e uma fonte renovável.

O etanol é proveniente de plantas como cana-de-açúcar, milho, beterraba, mandioca e batata.

Plantação de cana-de-açúcar.

Usina de produção de etanol.

Carro abastecido com etanol.

Veículos elétricos

Os veículos elétricos são uma tecnologia antiga, mas que, nas últimas décadas, têm recebido maior atenção dos pesquisadores. Esses carros não emitem poluentes e a maioria deles funciona como um aparelho eletrônico comum: basta ligá-lo na tomada para carregar sua bateria.

Carro elétrico em recarga.

Ônibus movido a eletricidade e biodiesel.

Moto elétrica em ponto de recarga.

1. Assinale as alternativas para que os veículos poluam menos.

☐ Utilizar veículos movidos a eletricidade.

☐ Desenvolver novos combustíveis derivados do petróleo.

☐ Utilizar veículos movidos a biocombustíveis.

2. Por que é importante a utilização de veículos movidos a combustíveis alternativos?

_____

_____

_____

1. Você sabia que algumas placas e sinalizações de trânsito são utilizadas no país inteiro? Observe as imagens.

Ilustrações: DAE

Aeroporto.   Arquitetura histórica.   Lombada.   Proibido estacionar.

• Agora circule quais dessas placas você ja viu no município em que mora.

2. Pinte os quadrinhos das frases relacionadas à importância da acessibilidade.

☐ É preciso construir escadas e calçadas sem rampas de acesso.

☐ É importante garantir às pessoas com deficiência acesso aos mesmos bens e serviços disponíveis a toda a população.

☐ É fundamental que as calçadas não tenham buracos nem obstáculos.

☐ É importante que existam rampas de acesso em espaços públicos como calçadas, comércios, praças, teatros, cinemas, entre outros.

☐ Não há necessidade de qualquer adaptação para que pessoas com deficiência transitem pelo município.

3. Em sua opinião, por que o direito à acessibilidade é importante?

_____

_____

_____

4. Observe as imagens e assinale as frases corretas.

Florianópolis, Santa Catarina, 2016.

Brasília, Distrito Federal, 2016.

☐ Os congestionamentos são consequência do grande número de automóveis nas ruas.

☐ Quanto mais carros nas ruas, menos engarrafamentos ocorrem.

☐ Quanto mais transporte coletivo, como ônibus, menos congestionamentos ocorrem.

☐ As faixas exclusivas dificultam a circulação dos ônibus.

Periscópio

📖 Para ler

Como vou?, de Mariana Zanetti, Renata Bueno e Fernando de Almeida. São Paulo: Companhia das Letrinhas, 2011.
O livro mostra diversas formas de se deslocar de um lugar a outro, como a pé, de metrô, de trem ou utilizando outro meio de transporte.

Mão e contramão: A aventura do trânsito, de Liliana Iacocca e Michele Iacocca. São Paulo: Ática, 1999.
Por meio de uma brincadeira de esconde-esconde, o livro apresenta cenas de trânsito ilustradas nas quais o leitor deve encontrar 12 personagens e perceber as regras de trânsito que eles estão desrespeitando.

Pra lá e pra cá: Educação para o trânsito. São Paulo: Caramelo, 2015.
Com foco na cidadania, o livro ensina as principais leis de trânsito e as medidas de segurança necessárias para a circulação e a locomoção de todos.

👆 Para acessar

A Turma da Mônica: educação no trânsito não tem idade.
A Turma da Mônica mostra as regras e os cuidados que devemos ter no trânsito, como atravessar na faixa de pedestres e respeitar o sinal, além de cuidados para andar de bicicleta, *skate* etc. Disponível em: <http://turmadamonica.uol.com.br/educacaonotransito>. Acesso em: 20 abr. 2018.

Arte e cultura

Ilustrações: Carlos Seribelli

1. Recorte na página 157 três manifestações culturais que você conhece e cole-as nas bandeirinhas.

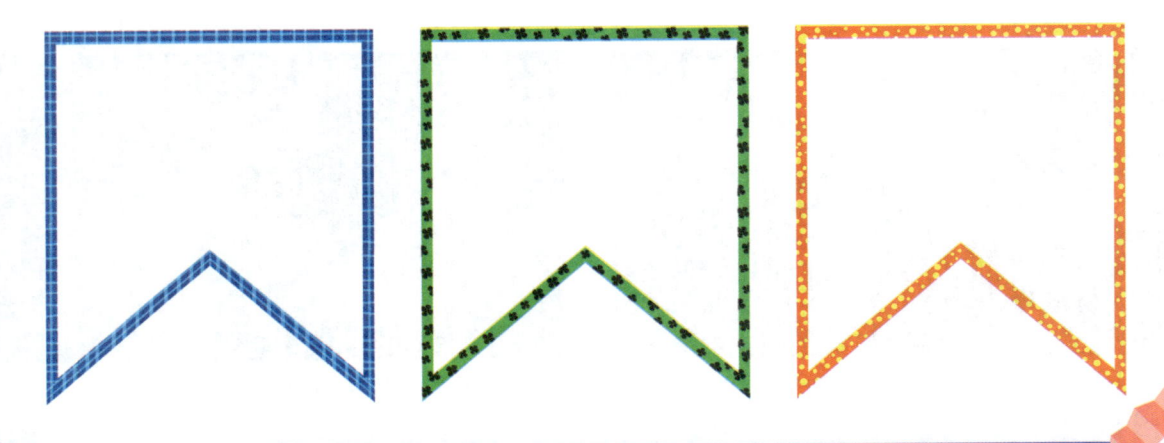

As manifestações artísticas

As pessoas podem comunicar-se de diferentes formas: pela fala, pela escrita, pelos gestos, entre outras. Elas também podem expressar suas ideias por meio da arte. Toda expressão de ideia por alguma forma de arte é chamada de manifestação artística.

A música, a dança, as artes plásticas (pintura, escultura) e o teatro são algumas manifestações artísticas presentes na vida das pessoas há muito tempo.

Todas essas atividades são formas de o ser humano exprimir suas emoções, seus costumes e até mesmo sua história. Elas expressam a cultura de diversos povos que formam uma sociedade.

As formas de expressão pela arte podem ocorrer de diferentes maneiras. O teatro, a dança e o circo, por exemplo, são apresentações que acontecem em um palco, por isso são chamadas artes cênicas.

Mulher caiapó faz pintura típica em homem. São Félix do Xingu, Pará, 2016.

Apresentação de maculelê. Rio de Janeiro, Rio de Janeiro, 2013.

Dança e roupas típicas de festa junina. Caruaru, Pernambuco, 2015.

Encenação de peça de teatro infantil. Duque de Caxias, Rio de Janeiro, 2015.

1. Escreva a letra **V** se a frase for verdadeira e **F** se for falsa.

☐ As manifestações artísticas são formas de o ser humano expressar suas emoções, seus costumes e sua história.

☐ As manifestações artísticas fazem parte da vida das pessoas há muito tempo.

☐ A dança, o teatro e o circo juntos são chamados de artes marciais.

2. Você conhece as manifestações artísticas retratadas nas imagens anteriores?

☐ Sim.　　☐ Não.

3. As imagens da página anterior retratam manifestações artísticas ligadas às tradições de povos que deram origem à sociedade brasileira. Quais são esses povos?

_____

_____

_____

4. Quais são as manifestações artísticas mais presentes na sua comunidade? Alguma delas está representada nas imagens?

_____

_____

_____

As manifestações culturais brasileiras

As manifestações culturais brasileiras podem ser identificadas em nossas festas, tradições, na culinária e nas histórias que são contadas pelas pessoas mais velhas.

Todas essas manifestações representam as contribuições dos povos que participaram da formação da sociedade brasileira.

Luiz Souza/Fotoarena

Roda de samba da Pedra do Sal. Rio de Janeiro, Rio de Janeiro, 2016.

Lucíola Zvarick/Pulsar Imagens

Dança wâpâ durante ritual Kuarup. Parque Indígena do Xingu, Mato Grosso, 2016.

1. O samba é um estilo musical bastante conhecido. Você sabe que povo trouxe essa contribuição para a formação da sociedade brasileira?

2. Com a ajuda do professor, faça uma pesquisa e descubra a história do Kuarup. Registre suas descobertas no caderno.

Cada manifestação, uma história

O samba é uma expressão artística **afro-brasileira** que mistura dança e música. O modo de dançar, de tocar os instrumentos e de cantar recebeu influência das comemorações e rituais que os africanos realizavam nos lugares onde nasceram antes de serem trazidos como escravos para o Brasil.

O samba de roda desenvolveu-se na Bahia, em uma região chamada Recôncavo Baiano, onde estão situadas várias cidades, como Santo Amaro, Nazaré, Santo Antônio de Jesus, entre outras, ao redor da Baía de Todos-os-Santos. Com o tempo, passou a ser conhecido, cantado e dançado em quase todo o país e transformou-se em patrimônio cultural do Brasil.

> **Afro-brasileiro:** termo que nomeia os brasileiros de ascendência africana.

Samba de roda Raízes de Acupe. Santo Amaro, Bahia, 2017.

1. Qual é a origem do samba de roda?

2. O samba é uma manifestação cultural que está presente em sua família, seu bairro ou na cidade onde você mora? Se sim, conte aos colegas de que maneira isso ocorre.

A cultura popular

Você já sabe que a dança, a música, a literatura, as festas etc. são expressões de arte e cultura.

Mas você sabe o que é cultura popular?

Leia o texto e observe a ilustração.

O que é cultura popular?

Jogo da velha e da onça,
Perna de pau e peteca,
Baladeira, currupio,
Brincadeira de boneca,
Macaca, bambolê, pipa,
Circo, palhaço e rabeca.

Semana Santa, Natal,
As histórias que dão medos,
Missa de renovação,
Contos de fada, folguedos,
Pião, carrapeta, bila,
Bodoque e outros brinquedos.

Simone Matias

O artesanato, a cerâmica,
A cantiga da cigarra,
O cavaquinho, a viola,
Banjo, bandolim, guitarra,
O gaúcho, o sertanejo,
O boi manso, a almanjarra.

Um cordelista, um **coquista**,
Um balão cortando o ar,
Os mistérios da sereia
Nas profundezas do mar,
Isso tudo são retratos
Da cultura popular.

> **Coquista:** praticante do coco, dança de origem africana e indígena tradicional da cultura pernambucana.

Moreira de Acopiara. *O que é cultura popular?* São Paulo: Cortez, 2012. p. 22 e 24.

1. Com base no texto, pode-se afirmar que as pessoas participam ativamente das manifestações culturais populares?

☐ Sim. ☐ Não.

2. Circule no texto as manifestações da cultura popular que você conhece.

3. Entre as manifestações que circulou, há alguma que você vivencia com sua família, na escola ou na comunidade de seu bairro? Se sim, qual?

_____

_____

4. Converse com os colegas e, juntos, escolham duas manifestações da cultura popular que vocês não conhecem. Com a ajuda do professor, descubram como elas ocorrem.

Reisado: cultura e história

Reisado é uma manifestação cultural religiosa, ligada ao nascimento de Jesus, que foi trazida para o Brasil pelos colonizadores portugueses e recebeu contribuições de rituais de origem africana.

A festa ocorre no dia 6 de janeiro, celebrada principalmente por católicos, e tem a intenção de relembrar um acontecimento descrito na Bíblia: a viagem de Gaspar, Melchior e Baltazar (conhecidos como os Três Reis Magos) para presentear Jesus por seu nascimento.

Em alguns municípios, essa festa é comemorada com um teatro de rua, em que crianças e adultos se vestem com roupas coloridas, representam, cantam, dançam, tocam instrumentos de percussão como a **zabumba**, pintam o rosto e brincam com espadas de madeira.

Rogério Reis/Tyba

> **Zabumba:** instrumento musical com som grave; bumbo.

Grupo de Reisado se apresenta em uma praça. Juazeiro do Norte, Ceará, 2015.

O Reisado também é conhecido por outros nomes: Folia de Reis, Dia de Reis ou Festa dos Santos Reis. A maneira de comemorar não é a mesma em todos os municípios, cada um celebra essa data de forma diferente.

Leia no texto como essa manifestação ocorre em alguns municípios do Ceará.

[...] No Ceará, numa região chamada Cariri, quem brinca de Reisado colore de vermelho, azul e amarelo cidades como Juazeiro do Norte e Crato, onde se ouve de longe o som da zabumba.

Para as crianças, a tradição é um verdadeiro brinquedo, que é passado de geração para geração. É o caso, por exemplo, de Maria Fabrislene Evangelista, 11 [anos].

Antônio, seu avô, comanda a brincadeira. Seu tio, Raimundo, é mestre da muganga (ou palhaçada). Sua irmã, Viviane de Araújo, 6 [anos], é a atual Rainha e herdou a coroa da própria Maria, que, ainda bem pequena, já tinha herdado o símbolo da realeza da tia.

Um dos pontos altos da brincadeira é o jogo de espadas, que parece uma dança coreografada, bonita de se ver. [...]

Gabriela Romeu. O que é reisado? Conheça a brincadeira que comemora o Dia de Reis. *Folha de S.Paulo*. Disponível em: <www1.folha.uol.com.br/folhinha/2015/01/1568801-o-que-e-reisado-conheca-brincadeira-que-comemora-o-dia-de-reis.shtml>. Acesso em: 20 abr. 2018.

1. De acordo com o que você leu, o que é Reisado?

_____

2. O Reisado acontece da mesma forma em todos os municípios brasileiros? Por quê?

_____

_____

3. Converse com os colegas e o professor sobre como são as manifestações artísticas que fazem parte do Reisado nos municípios próximos de onde você mora.

Culinária é cultura

Um dos elementos das manifestações culturais que faz parte de nosso dia a dia é a culinária.

Diferentes tipos de comida e ingredientes de origem indígena, europeia, africana e asiática contribuíram para a formação da culinária brasileira.

Vamos conhecer alguns deles?

Mungunzá salgado, comida de origem africana.

Canja de galinha, alimento de origem portuguesa.

A tapioca é de origem indígena.

Macarrão ao molho de tomate, de origem italiana.

Pamonha, comida de origem indígena.

O acarajé é de origem iorubá.

Mandioca, de origem indígena.

Yakisoba, comida de origem japonesa.

Bacalhau, prato de origem portuguesa.

1. A culinária brasileira é um dos elementos de nossas manifestações culturais?

 Sim.  Não.

2. Escreva no quadro a seguir o nome das comidas retratadas nas imagens, de acordo com sua origem.

Indígena	Africana	Portuguesa
_____	_____	_____
_____	_____	_____
_____	_____	_____

3. Você e sua família costumam consumir alguns desses alimentos? Se sim, quais?

_____

_____

_____

4. Reúna-se com um colega e, seguindo as orientações do professor, escolha um prato da culinária brasileira representado nas imagens da página anterior e descubra os ingredientes necessários e o modo de preparo dele.

_____

_____

_____

5. Converse com seus familiares e descubra se a origem dos alimentos que vocês consomem é diferente da origem dos alimentos mostrados nas imagens. Compartilhe a informação com os colegas e o professor.

A diversidade cultural brasileira

Você sabe o que é diversidade?

> **Diversidade** é a qualidade de um conjunto que tem características diversas e variadas. Encontramos diversidade ao nosso redor: há vários ambientes, hábitos, costumes, crenças, pontos de vista, diferenças sociais etc. que diferem uns dos outros.

Essa ideia de diversidade pode ser identificada também na cultura. Observe os trechos do texto a seguir. Ele faz parte de uma expressão da arte e da cultura popular brasileira chamada **literatura de cordel**.

Rogério Reis/Tyba

Mulheres observam livros de cordel. Rio de Janeiro, Rio de Janeiro, 2014.

Cordel rimando o Brasil

Vou falar sobre essa pátria
Com meu verso mais gentil
Que recebe todo mundo
Pro Brasil dou nota mil
Misturando lá com cá
Vou rimar sobre o Brasil.
[...]

> **Literatura de cordel:** poesia popular impressa em folhetos, pendurados em cordas finas (os cordéis) e expostos em feiras populares.

No Brasil sempre misturo
A viola e o violão
O ganzá com berimbau
Violino com canção
Eu misturo a capital
Com a vida do sertão.

Brasileiro é povo rico
Brasileiro é povo pobre
Mostra sempre a miséria
Mas a mesma sempre encobre
Misturando norte a sul
Tudo novo se descobre.

[...]
É Brasil contraditório
Avenida com favela
De criança barriguda
De criança magricela
De mendigo na calçada
Do ricaço da novela

Mas é meu esse Brasil
É só nosso esse país
Minha vida e alegria
Nele sou sempre aprendiz
Quando eu digo assim: – Brasil!
O meu mundo é mais feliz.

César Obeid. *Cordel rimando o Brasil*. Disponível em: <www.teatrodecordel.com.br/ folheto_cordel_rimando_brasil.htm>. Acesso em: 20 abr. 2018.

1. Grife no texto quatro linhas que estão relacionadas à definição de diversidade.

2. Que frases do texto revelam que há pobreza e riqueza na sociedade brasileira? Converse com os colegas e o professor.

3. Junte-se a três colegas e faça o que se pede.
   1. No caderno, façam uma lista com os trechos do cordel de que o grupo mais gostou.
   2. Juntos, elaborem um pequeno texto sobre diversidade utilizando esses trechos. Cada aluno deve escrever o texto no caderno.
   3. Apresentem à turma o texto de vocês e contem por que o grupo escolheu esses trechos.

Giramundo

A arte que percorreu vários países

Respeitável público! Com vocês, o circo!

Ir ao circo é uma forma de diversão para muitas pessoas em todo o mundo. Além de divertido, o circo é uma expressão artística que existe há muito tempo.

A arte circense chegou ao Brasil entre os anos de 1850 e 1900, mas já existia em vários países. Conheça alguns deles.

Ilustrações: Marcos de Mello

Há 2 000 anos: Roma.

Há 5 000 anos: China.

1768: Inglaterra.

1800: Paris.

1850-1900: Brasil.

Você lembra quais são as atrações do circo? Leia o texto.

Por sua vez, o mágico Viravoltas, enquanto caminha, brinca com a cartola, escondendo as emoções, fazendo os passos da tarde mais ligeiros. A trapezista, envolvida pela ação do mágico, apaixona-se mais e mais pelo circo. Ele, nas muitas voltas com a trapezista a voar, envolve a multidão, enquanto sob o som da clarineta o palhaço Vitalino aponta para o Grande Circo Capiba, que se ergue na rua do Sol.

Vai, vai, vai começar a brincadeira
Tem charanga tocando a noite inteira
Vem, vem, vem ver o circo de verdade...

Lenice Gomes. *A alegria aquece as horas.* São Paulo: Cortez, 2007. p. 20.

Marcos de Mello

1. Quais atrações circenses estão descritas no texto?

_____

2. Junto com os colegas e o professor, faça uma pesquisa para descobrir como era o circo nos lugares e épocas destacados na imagem da página anterior.

🔸 Viva a diversidade!

Você já sabe que o Brasil é um país que se caracteriza pela diversidade.

Os bairros e municípios também são diferentes entre si, assim como os elementos naturais, que são variados e diferem de uma região para outra de nosso país.

Observe alguns exemplos.

Praia de Ponta Negra.
Natal, Rio Grande do Norte, 2017.

Lago Tefé, na Floresta Amazônica.
Tefé, Amazonas, 2017.

Há diversidade também nos povos que deram origem à sociedade atual e no modo de vida de cada comunidade.

Beneficiamento da castanha-do-pará.
Xapuri, Acre, 2015.

Colheita da uva em propriedade familiar.
Rosário do Ivaí, Paraná, 2017.

Fabio Colombini

Valdir de Oliveira/Fotoarena

Crianças sateré-mawé em sala de aula. Manaus, Amazonas, 2014.

Crianças em sala de aula de escola pública. Pereiras, São Paulo, 2017.

Para convivermos uns com os outros em uma sociedade diversa como a nossa, é essencial conhecer e respeitar as diferenças entre as pessoas.

Que tal elaborar um cartaz para que todos os alunos da escola compreendam a importância do respeito às diferenças?

1. Em um dia combinado com o professor, você e os colegas devem trazer para a sala de aula vários jornais e revistas que não são mais utilizados.

2. Neles, procure imagens de diferentes manifestações artísticas e culturais. Recorte-as e cole-as em uma folha de papel grande, tipo cartolina.

3. Próximo a cada imagem, escreva o nome da manifestação artística, o local em que costuma acontecer e como ela está inserida na cultura brasileira.

4. Dê um título a seu cartaz.

5. Para finalizar, a turma toda pode organizar uma exposição dos cartazes com o tema "Conhecer, conviver e respeitar as diferenças".

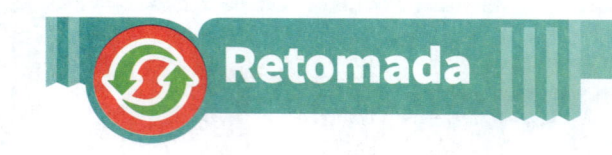

1. Escolha, no quadro, as palavras que completam as **frases** corretamente.

artísticas	tradição	alimentação
música	televisão	artes plásticas
esporte	festas	dança
culturais	teatro	rádio

a) As manifestações _____ e as manifes-

tações _____ revelam muito sobre a história dos povos que formaram a sociedade brasileira.

b) A _____, a _____, as

_____ e o _____ são
manifestações artísticas.

2. Cite um exemplo de manifestação artística relacionada às artes cênicas.

_____

3. Com suas palavras, explique o que é diversidade.

_____

_____

_____

_____

4. Assinale as frases relacionadas à cultura popular.

☐ Cultura popular é um conjunto de manifestações restritas a um grupo de pessoas.

☐ Cultura popular são as diferentes manifestações populares nas quais há participação ativa das pessoas da comunidade.

☐ Literatura de cordel, culinária, lendas, cantigas de roda são alguns elementos da cultura popular brasileira.

☐ A cultura popular não está relacionada com a tradição e os costumes de uma comunidade.

☐ Festas, danças, histórias, brinquedos e brincadeiras representam a cultura popular.

5. O que é, o que é?

Feijoada e seus complementos.

Um dos elementos das manifestações culturais que faz parte de nosso dia a dia e está representado na fotografia.

Periscópio

📖 Para ler

Cordelendas – Histórias indígenas em cordel, de César Obeid. São Paulo: Editora do Brasil, 2014. O livro apresenta diferentes lendas indígenas em formato de literatura de cordel. Com rimas fáceis, você conhecerá algumas explicações de situações do nosso cotidiano do ponto de vista das culturas indígenas.

O guardião da folia, de Rogério Andrade Barbosa. São Paulo: FTD, 2006.
Nesse livro conhecemos um pouco a Folia de Reis e outras manifestações culturais afro-brasileiras. Libério, um afrodescendente, viveu sua infância e parte da juventude no interior de Minas Gerais, onde participava do grupo Folia de Reis da Mangueira.

✋ Para acessar

Alma carioca: um choro de menino.
O filme conta a história de um menino que vive no Rio de Janeiro e testemunha o surgimento do choro, um tipo de música brasileira.

Disponível em: <http://portacurtas.org.br/filme/?name=alma_carioca_um_choro_de_menino>. Acesso em: 20 abr. 2018.

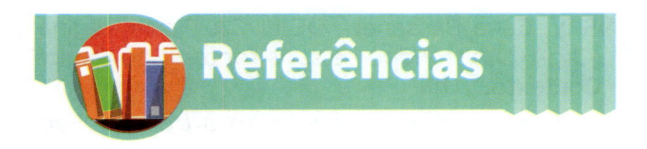
Referências

ACOPIARA, Moreira de. *O que é cultura popular?* São Paulo: Cortez, 2012.

ALMEIDA, Rosângela Doin de. *Do desenho ao mapa*: iniciação cartográfica na escola. 2. ed. São Paulo: Contexto, 2003. (Repensando o Ensino).

AMOS, Eduardo. *A cidade muda*. São Paulo: Moderna, 2016.

ANDRADE, Telma Guimarães Castro. *Uma aldeia perto de casa*. São Paulo: Atual, 2000.

ANTUNES, Celso. *Novas maneiras de ensinar, novas formas de aprende*r. Porto Alegre: Artmed, 2002.

ARIÈS, Philippe. *A história social da criança e da família*. Rio de Janeiro: LTC, 1981.

A VACCINAÇÃO obrigatoria. *Jornal do Brasil*, 14 nov. 1904. Disponível em: <http://memoria.bn.br/DocReader/030015_02/15214>. Acesso em: 20 abr. 2018.

BARBOSA, Rogério Andrade. *O guardião da folia*. São Paulo: FTD, 2006.

BECKER, Fernando. *Educação e construção do conhecimento*. Porto Alegre: Artmed, 2001.

BITTENCOURT, Circe Maria Fernandes. *Ensino de História:* fundamentos e métodos. São Paulo: Cortez, 2005.

_____ (Org.). *O saber histórico na sala de aula*. São Paulo: Contexto, 2006.

BRANDÃO, Vera. Relatos: a memória de São Paulo. *Portal do Envelhecimento*. Disponível em: <www.portaldoenvelhecimento.com/acervo/relatos/relatos5.htm>. Acesso em: 20 abr. 2018.

BRASIL. Ministério da Educação. Secretaria de Educação Básica. Diretoria de Currículos e Educação Integral. *Diretrizes Curriculares Nacionais Gerais da Educação Básica*. Brasília, 2013.

_____. Ministério da Educação. *Base Nacional Comum Curricular*. 3. versão. Brasília, 2017.

_____. Ministério do Desenvolvimento Agrário. *Agricultura familiar no Brasil e o Censo Agropecuário* 2006. Disponível em: <www.mda.gov.br/sitemda/sites/sitemda/files/ceazinepdf/3697318.pdf>. Acesso em: 20 abr. 2018.

CARDOSO, Leonardo Mendes. *Planeta Terra:* nossa casa! São Paulo: Editora do Brasil, 2005.

CAST, Vance. *A água*. São Paulo: Callis, 2011.

CAZUMBÁ, Meire; BORDAS, Marie Ange. *Histórias da cazumbinha*. São Paulo: Companhia das Letrinhas, 2010.

CENSO Escolar da Educação Básica 2016: notas estatísticas. Brasília: Inep/MEC, 2017. Disponível em: <http://download.inep.gov.br/educacao_basica/censo_escolar/notas_estatisticas/2017/notas_estatisticas_censo_escolar_da_educacao_basica_2016.pdf>. Acesso em: 20 abr. 2018.

CISALPINO, Murilo. *Para onde o coração aponta*. Goiânia: Formato, 1996.

COLL, César; MARTÍN, Elena. *Aprender conteúdos e desenvolver capacidades*. Porto Alegre: Artmed, 2003.

DANSA, Lecticia. *ABC das profissões*. São Paulo: Rideel, 2015.

DE ROSSI, Vera Lúcia Salles; ZAMBONI, Ernesta (Org.). *Quanto tempo o tempo tem*. Campinas: Alínea, 2003.

DIMENSTEIN, Gilberto. *O cidadão de papel*. 20. ed. São Paulo: Ática, 2003. (Discussão Aberta).

FAUSTO, Boris. *História do Brasil*. 9. ed. São Paulo: Edusp, 2001.

FRAZÃO, Márcia. *O dia em que a pracinha sumiu*. São Paulo: Cosac Naify, 2002.

GARCIA, Bruno. Acendedor de lampiões. *Revista de História da Biblioteca Nacional*, ano 7, n. 85, p. 60, out. 2012.

GOMBERT, Jean-René; DREIDEMY, Joëlle. *Eu apago a luz para economizar energia*. São Paulo: Girafinha, 2007.

GOMES, Lenice. *A alegria aquece as horas*. São Paulo: Cortez, 2007.

HAAG, Carlos. Ossos que falam. *Pesquisa FAPESP*, n. 190, p. 27, dez. 2011. Disponível em: <http://revistapesquisa.fapesp.br/2011/12/24/ossos-que-falam/>. Acesso em: 20 abr. 2018.

HAVUKAINEN, Aino; TOIVONEN Sami. *Lico e Leco*: profissões. São Paulo: Panda Books, 2014.

IACOCCA, Liliana; IACOCCA, Michele. *Mão e contramão:* a aventura do trânsito. São Paulo: Ática, 1999.

IBGE. *Atlas geográfico escolar*. 7. ed. Rio de Janeiro: IBGE, 2016.

MATTOS, Regiane Augusto de. *História e cultura afro-brasileira*. 2. ed. São Paulo: Contexto, 2016.

MESGRAVIS, Laima; PINSKY, Carla Bassanezi. *O Brasil que os europeus encontraram*. 2. ed. São Paulo: Contexto, 2000.

MONTENEGRO, Antônio Torres. *História oral e memória:* a cultura popular revisitada. 6. ed. São Paulo: Contexto, 2013.

MORIN, Edgar. *A cabeça bem-feita:* repensar a reforma, reformar o pensamento. Rio de Janeiro: Bertrand Brasil, 2000.

_____. *Os sete saberes necessários à educação do futuro.* São Paulo: Cortez; Brasília: Unesco, 2000.

MOYLES, Janet R. et al. *A excelência do brincar.* Porto Alegre: Artmed, 2005.

NOVAIS, Fernando A.; ALENCASTRO, Luiz Felipe (Org.). *Império:* a corte e a modernidade nacional. São Paulo: Companhia das Letras, 1997. (História da Vida Privada no Brasil 2).

_____; SCHWARCZ, Lilia Moritz (Org.). *Contrastes da intimidade contemporânea.* São Paulo: Companhia das Letras, 1997. (História da Vida Privada no Brasil 4).

_____; SEVCENKO, Nicolau (Org.). *República:* da Belle Époque à era do rádio. São Paulo: Companhia das Letras, 1997. (História da Vida Privada no Brasil 3).

_____; SOUZA, Laura de Mello (Org.). *Cotidiano e vida privada na América portuguesa.* São Paulo: Companhia das Letras, 1997. (História da Vida Privada no Brasil 1).

OBEID, César. *Cordel rimando o Brasil.* Teatro de cordel. Disponível em: <www.teatrodecordel. com.br/folheto_cordel_rimando_brasil.htm>. Acesso em: 30 abr. 2018.

_____. *Cordelendas:* histórias indígenas em cordel. São Paulo: Editora do Brasil, 2014.

_____. *Meu bairro é assim.* São Paulo: Moderna, 2016.

PAPATHEODOULOU, Antonis; DELIVORIA, Myrto. *A cidade que derrotou a guerra.* São Paulo: Companhia das Letrinhas, 2014.

PERRENOUD, Philippe. *Dez novas competências para ensinar.* Porto Alegre: Artmed, 2000.

_____ et al. *As competências para ensinar no século XXI:* a formação dos professores e o desafio da avaliação. 10. ed. Rio de Janeiro: Forense Universitária, 2005.

PIAGET, Jean. *A formação do símbolo na criança:* imitação, jogo, sonho, imagem e representação. 4. ed. São Paulo: LTC, 2010.

PINSKY, Carla Bassanezi; DE LUCA, Tania Regina (Org.). *O historiador e suas fontes.* São Paulo: Contexto, 2015.

PRA LÁ e pra cá: *educação para o trânsito.* São Paulo: Caramelo, 2015.

PRIORE, Mary Del (Org.). *História das crianças no Brasil.* 4. ed. São Paulo: Contexto, 2004.

ROMEU, Gabriel. O que é reisado? Conheça a brincadeira que comemora o Dia de Reis. *Folha de S.Paulo,* 3 jan. 2015. Disponível em: <www1.folha.uol.com.br/folhinha/2015/01/1568801-o-que-e-reisado-conheca-brincadeira-que-comemora-o-dia-de-reis.shtml>. Acesso em: 30 abr. 2018.

SCHMIDT, Maria Auxiliadora; CAINELLI, Marlene. *Ensinar História.* São Paulo: Scipione, 2009.

SILVA, Conceil Corrêa da; RIBEIRO, Nye. *A cidade que mudou de nome.* São Paulo: Editora do Brasil, 2010.

STEAMS, Peter N. *A infância.* Trad. Mirna Pinsky. São Paulo: Contexto, 2006.

TELLES, Márcia. Agricultura familiar na Amazônia ganha novos horizontes. *Inovação em Pauta,* Rio de Janeiro: Finep, n. 7, p. 49, ago./out. 2009.

TIRAPELI, Percival. *Arte indígena:* do pré-colonial à contemporaneidade. São Paulo: Companhia Editora Nacional, 2006. (Arte Brasileira).

_____. *Arte popular.* São Paulo: Companhia Editora Nacional, 2006. (Arte Brasileira).

URBAN, Ana Claudia; LUPODNI, Teresa Jussara. *Aprender e ensinar História nos anos iniciais do Ensino Fundamental.* São Paulo: Cortez, 2015.

VARELLA, Drauzio. *Nas ruas do Brás.* São Paulo: Companhia das Letrinhas, 2000.

VIGOTSKY, Lev Semenovich. *A formação social da mente:* o desenvolvimento dos processos psicológicos superiores. 6. ed. São Paulo: Martins Fontes, 1998.

ZABALA, Antoni. *Como trabalhar os conteúdos procedimentais em aula.* 2. ed. Porto Alegre: Artmed, 1999.

ZANETTI, Mariana; BUENO, Renata; ALMEIDA, Fernando. *Como vou?* São Paulo: Companhia das Letrinhas, 2011.

Material complementar

Unidade 8 – página 135

Unidade 2 – página 23

Ilustrações: Carlos Seribelli